【東北アジアの社会と環境】

近世日本の貧困と医療

荒武 賢一朗 編

古今書院

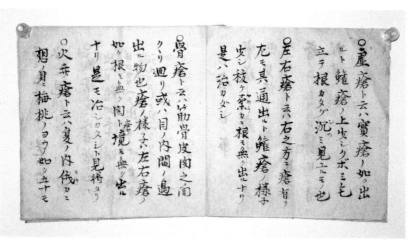

宮城県大崎市・大場幸男家文書 2-6「桑嶋流抜書」
桑嶋流とは馬医学（獣医学）の学派．大場家は神道・医学・
馬産に携わっており，江戸時代の関連書籍・写本が伝来した．

Poverty and Medicine in Early Modern Japan

Edited by Kenichiro ARATAKE

Kokon-Shoin Publisher, Tokyo, 2019

巻 頭 言

　東北アジアが，それ以前とは異なる意味あいをもって我々の前に立ち現れたのは，1990 年代はじめのことである．ソ連の解体による冷戦の終結は，1970 年代末から始まっていた中国の改革・開放政策の進展と相まって，地域の地政学的な構図を大きく変えたからである．それから 30 年近くが過ぎた今，東北アジアは依然さまざまな課題を抱えている．

　我々は，かつては極東における東西両陣営の接触点に過ぎなかった東北アジアを，ロシア，モンゴル，中国，朝鮮半島，日本を含むより広域の概念として再定義し，この地域が共有する課題を文理諸分野の連携により研究するための新たな地域概念として，考えている．地域研究（regional studies）は，それが複数形であることからわかるように，学術研究の多様なディシプリンの方法を動員しつつ，その知見を総合することによって，地域理解を導出する学のあり方であり，それは地域が共有する課題の多様性に対応している．

　作業概念としての東北アジアは，世界のなかからこの地域を切り離して理解しようとするものではない．グローバル化の進展は，世界を平準化するように見えながら，実際には国や地域ごとの特質を際立たせてきた面がある．普遍と特殊の相関関係は，学問の永遠の課題である．近代は，特殊性を普遍性の発現形態に過ぎないと考える傾向を強くもったが，東北アジアで今目立つのは，むしろ普遍に対する地域の異議申し立てなのである．東北アジア地域研究は，地域における普遍の発現の様態を探求する学であるとともに，地域の特質を見定める学的営為でもある．

　課題の多様性は，個々の課題において動員すべき研究分野と方法，設定されるべき研究の視野の多様性に対応する．課題と研究方法の多様性は，地域理解の深化を可能とする媒体にほかならない．

　東北大学東北アジア研究センターは，文系・理系の研究者が集まる学際的な構成をもつことによって，東北アジアの多様な課題に対応しうる態勢を整えているが，個々の共同研究は，国内外の様々な研究機関・研究者との協働を通じてはじめて実現される．本書は，そのような学際的・国際的研究連携のあり方を示している．多様な分野の研究者のネットワークを構築し，それらを結びつけつつ，国際的な拠点，研究のハブの一つとして機能することを，東北アジア研究センターは目指している．本書は，東北アジア研究センター創設 20 周年記念企画として刊行された．それは東北アジア研究の次のステージへの道標にほかならない．

岡　洋樹
前 東北大学東北アジア研究センター長

目　次

巻 頭 言　岡　洋樹　i
はしがき　荒武 賢一朗　iii

第1章　近世日本の貧困救済と村社会
　　　　　　　……………………………………………… 木下 光生　1

第2章　近世日本の「俗医学」と医薬市場の空間
　　　　　　　………………… スーザン・バーンズ，豊沢 信子 訳　22

第3章　天草諸島の人口増大と産業の形成
　　　　　　　……………………………………… 荒武 賢一朗　37

第4章　山野からみた明治維新
　　　　　　　…………………………………………… 渡辺 尚志　54

第5章　コレラ流行と「自衛」する村落社会
　　　── 1882（明治 15）年の宮城県牡鹿郡を中心として ──
　　　　　　　…………………………………………… 竹原 万雄　78

あとがき　荒武 賢一朗　96
索　　引　99
執筆者紹介　102

はしがき

　私たちが暮らす現代社会において，人々の生存をめぐる問題はきわめて重要である．とりわけ日本では，医療・福祉について大きな危機に直面しており，医療費，生活保護，さらには少子高齢化，といった言葉を日常的に見聞している．「人間が生きることの重要性」，これは当たり前の話だと誰しも考えているだろうが，往古の時代から人類が取り組みながらも何が解決であるのかですら定かではない．そのような現状において，本書は歴史研究者が考察した「近世日本の貧困と医療」を読者各位に提示するものである．

　今回の論文集を発刊する契機は，2015年12月の東北大学東北アジア研究センター創設20周年記念国際シンポジウム「東北アジア──地域研究の新たなパラダイム──」のセッション「歴史資料の保全と活用──19世紀日本の村落社会と生命維持──」を開催したことにある．ここでは本書執筆者が登壇し，それぞれの専門分野に関する歴史資料から江戸時代，明治時代の日本を取り上げ，「人間が生きることの重要性」を議論する場となった．当日は村落史，女性史，医学史などを研究する人々も数多く参加され，これから歴史学のなかで深めるべき課題であることを改めて実感した．それから数年を経て，報告の骨子はほぼ原型のまま，その後に収集した文献の吟味や新たな情報を加えながら，ようやく出版に至っている．

　全体の指針としては，①村落の歴史を深く掘り下げる，②人々の命をめぐる動向，という2点を大きな課題に挙げ，ここから各自の「持ち場」について分析をしていく手法を採った．そもそも日本における近世村落史研究は，ずいぶんと長く分厚い成果の蓄積がある（渡辺2007，渡辺2013）．そこから我々がもつ一般的な「江戸時代の村」という印象は，はたしてどのようなものだろうか．たとえば村の「良いところ」は相互扶助（助け合い），農業などの共同作業，家族・同族間の結束などが挙げられ，「悪いところ」には村八分，排他的，旧慣（悪習）の継続という感じで受け止められる．また，村落には定住，移動という問題がある

ほか，近隣の村同士で争い事も発生した．次いで，人々の生命に関しては古くから医学史（医史）研究があり，近年では医学の発達や医薬品の普及，そして19世紀以降の感染症についても重要な研究課題に位置づけられている．本書で関心をもっているのは，人々がどのように医学の知識を得ていたか，あるいは自分の身を守る対策とは何であったのか，という庶民のなかの医療を主題にすることである．

　これらの内容は遠い昔話ではなく，現在進行形であることも本書各論が示唆しているが，1人もしくは1軒，あるいは1つの村で起こる生活の存立を意識し，実態として把握することの大切さを注意深く観察した．誰かが伝えた「イメージ」で述べることをせず，歴史資料を丹念に分析することで，社会のありようを明らかにしたのが本書最大の目的である．

　第1章「近世日本の貧困救済と村社会」（木下光生）は，上記の課題に挑む大きな役割をもっているが，通説でわかったつもりになっている村社会の実情を貧困救済から深く検討した．木下は，貧困の可視化に取り組んで夜逃げや破産を数値で表すという作業を進め，江戸時代の村落史分析について新たな方法論を提示している．この背景にあるのは，宗門改帳や世帯収支報告書なる家ごとの経営内容が把握できる文書の存在で，膨大なデータを読み解き，人々の生活を復元する試みとして有効であった．さらに特色としては，日本の事例だけではなく，同時期のヨーロッパに関しても視野に含めながら比較を行っている点である．これまでの日本史研究では精緻な実証に比して，他地域への眼差しが薄かったが，世界史的にも意義のある考察であろう．木下による貧困史研究は，本書の執筆と同時並行で進められた単著とあわせて参照されたい（木下2017）．

　第2章「近世日本の「俗医学」と医薬市場の空間」（スーザン・バーンズ）の注目する歴史資料「引札（チラシ）」は大変興味深い．日本の医学史研究は医学書をはじめとした文献の考察から，医療現場，医薬の流通，そして今回取り上げる庶民の情報伝播といった多方面に広がる課題へと動きつつある．そのなかでバーンズは，「チープ・プリント」に強く関心をもち，日本全国で調査を進めてきた．ここで大きな示唆を受けるのは，専門用語で塗り固められた分厚い医学書を誰もが読みこなせるわけではなく——仮に医者であったとしても——，それより

も気軽に入手できて読みやすいチラシが人々の目にとまるのは至極当然のことである．しかし，この当たり前に思われる行為を歴史資料の伝来や保存という観点で分析し，社会における医療情報の共有を明らかにした点は何よりも大きな成果といえる．

第3章「**天草諸島の人口増大と産業の形成**」（荒武賢一朗）は，現在の熊本県天草諸島における歴史言説と村落がもちえた「生活力」を取り上げている．そもそも近世天草の歴史においては，少ない耕地に比べて膨大な人口が存在するという「貧困史観」が中心をなしてきた．近年の研究は，それを転換すべくさまざまな実証が行われ，本章でも非農業部門を含む産業の実態や，人の出入りに着目し，当時の状況を浮かび上がらせた．これは，1つの地域に特化した傾向ではなく，日本列島各地の村落史で意識すべき方法であろうと考えている．

個人および個別世帯の動きに続いて，村落そのものに重点を置いた成果が，第4章「**山野からみた明治維新**」（渡辺尚志）である．現在の研究潮流で，日本の山林を歴史的素材として扱い，いろいろな地域の実証が出てきている．ただし，その多くは環境の歴史や森林保全の問題を主たる対象にしていることが多い．一方，渡辺の眼目は村落が山野をわがものにするための争論を検討し，個人の集合体である村が生業を確保しようとする動きを詳しくとらえている．本書の課題と照合すると，明治時代の訴訟文書から村の内実がみえてくるという特徴もうかがえる．村，もしくは村社会が村民の生活を守るという観点からもきわめて重要な経過が示された貴重な論考である．

村落社会と生命維持の複合的成果として，第5章「**コレラ流行と「自衛」する村落社会**」（竹原万雄）が本書の締めくくりをなしている．竹原は，1882（明治15）年のコレラ流行を分析対象に，公文書と新聞記事を読み込んで村落社会の動向に切り込んだ．感染症対策として村民を守るのは，行政・社会，さらには個人にも及ぶがそれぞれの対処が詳しく論じられている．内容は明治時代の地域史になるが，本書の位置づけでは近世から近代へと移行する時期の村落社会を明らかにした作業が何よりも重要である．

このように，本書は江戸時代から明治時代にかけての日本列島における村落社会の実像，そして人々の生命を維持する社会のありようについて議論を深めた．

少し立ち止まって考えてみると，この課題には歴史学，民俗学，社会学などさまざまな分野からの検討が行われてきたが，我々は最も得意とする文献資料からこの大きな課題に挑戦を試みた．その種類も公文書，私文書，さらにはチラシに至るまで多様であるが，日本各地で展開されている歴史資料の保存活動とも重ね合わせ，文書から「生命を守る」人々と社会的動向を明らかにした．

　当時の列島社会は明治維新などの政治変革や，対外貿易の見直しによる経済的不安定が生じていた．それに加え，たびたび発生する大飢饉や伝染病の流行など人々の日常生活を脅かし，多数の犠牲者が出る環境的諸問題が起こっていたのである．このような人々の営みを狂わせる著しい悪化は，村や町を基本単位としていた行政機構の変容や諸政策にも大きな影響を与えた．とりわけ社会全体の経済停滞がみられたとき，その底辺にあった貧困層や，病気とたたかう患者たちに対してどのような救済措置がとられたのだろうか．見方を少し変えてみると，これら環境問題に左右されながら，人々はどのような仕組みを作り，迫りつつある危機に対処したのだろうか．そのような流れを頭に置きながら，本書を読み進めていただきたい．

　近世から近代の日本における歴史資料は，行政機構による公文書から，庶民が記録したものまで，多様な人々によって作成されている．東北アジアのなかでも，地域社会に伝来する文書が多いことは日本の特徴といえるだろう．本書執筆者はそれぞれ歴史資料の内容をできるだけ詳しくくみ取り，それをもとに豊かな歴史像を構築してきた．引き続きこの作業を行いながら，歴史学における新しい研究方法を確立し，現代社会の諸課題に向き合う姿勢を堅持していきたい．

荒武 賢一朗

文献一覧
木下光生
　2017『貧困と自己責任の近世日本史』，京都：人文書院.
渡辺尚志
　2007　『近世の村落と地域社会』，東京：塙書房.
　2013　『近世百姓の底力──村からみた江戸時代──』，東京：敬文舎.

第1章　近世日本の貧困救済と村社会

木下 光生
Kinoshita, Mitsuo

1　救貧の諸特徴と問題の所在

　17 〜 19 世紀の近世日本における貧困救済，とりわけ人口の大半を占めた村人たちに対する救貧は，長期的，比較史的にみて，次のような三つの大きな特徴がある（木下 2017）．

　第 1 に，公的救済の第一義的な責任は，村社会におかれていた．「御救」と称される公権力（幕府や個別領主）からの救済は，村の自治にもとづく救貧が限界を来して初めて発動され，しかもそれが実施されるか否かは，多分にそのときどきの交渉に拠っていた．救貧に向き合う公権力の姿勢は，臨時性をその本質としていたのであり，村人たちもまた，恒常的な救済制度を領主や幕府に求めることはなかった．この点は，同じく教区という小さな行政単位の自治にもとづいて救貧を実施した 16 世紀末以降の近世イングランドが，国法の次元で救貧法を制定し，教区ごとに徴収した救貧税を財源に，週単位で恒常的に救貧費を生活困窮者に支給していたのとは，大違いである（Slack 1988）．

　とはいえ，臨時的か恒常的かで救貧姿勢が大きく異なっていたイングランドとは，重要な局面で共通点も有していた．それが第 2 の特徴である，個別具体的な個に対する救済である．英語では selectivism ないしは targetism と呼ばれる，ある特定の個人・世帯を選別して救済するという方法は，現在の感覚からすると，一見当たり前の手法であるかにみえる．だが長期的に日本史をみると，それは決して当たり前のものではなく，近世と同じく領主制のもとにあった 11 〜 16 世紀

の日本では，まったくと言っていいほど存在しない救済発想であった．年貢の一括請負（村請）を担えるほどの村落自治は，すでに 14 世紀にはみられ，16 世紀には一般化しつつあったが（稲葉 2002），村の自治にもとづく公的救済の受給者名を，村人たちが村の公文書で明記，公表するようになるのは 17 〜 18 世紀以降である．また，いくら臨時性を本質としていたとはいえ，中世の公権力と比べれば，はるかに多くの救済費を近世の領主が支出するようになったのも，公的救済が，個別具体的な個に対する給付・貸与を前提としていればこそであった．

　個別具体的な個の救済は，村人たちの手によって「救貧に値する者」を選び出すことであったが，それは同時に，村に「迷惑をかけた者」をあぶり出すことをも意味していた．とりわけ，施し型（給付型）の村内救済をうけた者に対しては厳しい視線がおくられ，服装や行動の規制のみならず，受給者名を長期間村内で晒し続けるなど，強烈な社会的制裁が受給者に食らわされた．同じく近世イングランドでも 1670 年代以降，各教区の判断で救貧費受給者に対してバッジ付けが強要されており（Hindle 2004），住民自治にもとづく個別具体的な個に対する公的救済とは，制裁も付随するものであったことが判明する．これが第 3 の特徴であり，その背景には，ひとの手を借りずに自活できることに強い価値を見出す，強烈な自己責任観が横たわっていた．

　このように，村社会を基盤とする近世日本の貧困救済は，近世日本史研究だけでなく，長期的な日本史，および比較史の議論においても重要な視点と論点を提供する．そのような研究史的意義を有する近世日本の貧困史研究をより深化させるためには，次の 2 点をさらに追究すべきであろう．

　一つは，村社会における貧困の実態を，客観的な数字で，より可視化することである．救貧の統計史料が存在する前近代ヨーロッパとは異なり（Jütte 1994），そのような史料が皆無に近い近世日本では，貧困の可視化はきわめて困難である．だがこの作業は，貧困の歴史研究では避けて通れない基礎的なものであり，たとえ限られた史料であったとしても，できる限り貧困の数値化を推し進めるほかない．筆者は以前，村内全世帯の世帯収支が判明する大和国吉野郡田原村（現・奈良県宇陀市）の 1808（文化 5）年世帯収支報告書を用いて，世帯収支の構造面から貧困の可視化を試みるとともに，どのような収支をもつ世帯に破産や夜逃げ——いずれも貧困を象徴する現象と目される——がおとずれたのかを検証したこと

がある（木下 2017）．本章ではそれをさらに推し進めて，同じ田原村を舞台として，破産や夜逃げとは，そもそもどれくらいの頻度で発生したのかという，これまで誰も試みたことのない手法で，貧困の数値化に取り組むこととしよう．

第2の課題は，村内の救済において，どれくらいの量と期間の救済が適正規模と認識されていたのか，の追究である．第1の課題が，貧困実態の数値化とするならば，第2のそれは，救貧観念の数値化とも言い換えられよう．既述したように，公権力による御救は臨時性を本質とし，村人たちも恒常的な救済制度を領主や幕府に求めていなかった以上，村社会における公的救済もまた，臨時的な性格を帯びていたのではないかと推測される．そうした仮定をもとに，救済の適正規模認識という視点から，村の自治にもとづく公的救済の本質を，よりいっそう明らかにしていきたい．

2　貧困の可視化 —— 破産と夜逃げの発生頻度 ——

大和国吉野郡田原村は，太閤検地村高 398 石余，人口は 18 世紀末以降でおよそ 40 世帯／200 人ほどの，山あいに位置する村である（後掲表1も参照）．1808年の世帯収支報告書によれば，村の収入の9割以上が自給・商品作物で占められるような（うち半分が米），典型的な「農」村であった（木下 2017）．

その田原村で大庄屋と庄屋を務めた片岡彦左衛門家の文書には，宗門改帳が多数残されており（宇陀市教育委員会 2016），とりわけ 1795（寛政 7）年以降の宗門改帳では，家族構成の基本情報のみならず，各世帯の持高と，所有ないし借地している屋敷地，および所有する建物（「本家」「土蔵」「小家」など．総計を「棟数三ツ」などと表記）も登録され，棟数を一つでも有する家には「家持」の肩書きが付されるようになる．高持でない場合は「無高」，棟数がない場合は「無家」と表記され，たとえ屋敷地が借地で，「本家」＝主屋も自己所有せず，「土蔵壱ヶ所」だけの所有であったとしても，棟数として計算され家持扱いとされた．加えて，ある世帯が田畑，屋敷地，建物といった所有不動産をすべて処分して破産してしまった場合（「無高だが家持」や「高持だが無家」は存在するし，破産していない），「去御改後，身上活却（＝破産）仕候」あるいは「無高無家」などと記されたうえで，家持の肩書きがはずされ，また夜逃げした場合でも，「家内六人

表1　大和国吉野郡田原村における破産・出奔世帯の推移

宗門改帳作成年月	家数 ※寺除く	人数 ※僧除く	世帯持高総計（石）	破産・出奔世帯数/人数	世帯内出奔人数	事由	破産・出奔前持高（石）
1795（寛政7）年3月	41	195	384.255	0	0		
1796（寛政8）年3月	41	199	384.255	0	0		
1797（寛政9）年3月	41	208	385.285	0	0		
1798（寛政10）年3月	42	205	385.285	0	0		
1799（寛政11）年3月	41	210	382.185	0	1	出奔→帳外	4.107
1800（寛政12）年3月	—	—	—	—	—		
1801（享和元）年3月	—	—	—	—	—		
1802（享和2）年3月	—	—	—	—	—		
1803（享和3）年3月	—	—	—	—	—		
1804（文化元）年3月	—	—	—	—	—		
1805（文化2）年3月	41	220	377.889	0	0		
1806（文化3）年3月	42	224	377.34	0	0		
1807（文化4）年3月	42	222	398.551	0	1	家出→帳外？	0.295
1808（文化5）年3月	—	—	—	—	—		
1809（文化6）年3月	—	—	—	—	—		
1810（文化7）年3月	—	—	—	—	—		
1811（文化8）年3月	41	222	390.952	0	0		
1812（文化9）年3月	—	—	—	—	—		
1813（文化10）年3月	42	225	389.779	0	0		
1814（文化11）年3月	42	226	380.619	1世帯/5人	0	身上沽却	6.976
1815（文化12）年3月	41	222	386.091	0	0		
1816（文化13）年3月	40	212	375.597	3世帯/12人	0	出奔→復活	4.99
						出奔→帳外	0
						（欠落夜抜→帳外？）	(3.6585)
1817（文化14）年3月	42	215	380.587	0	0		
1818（文化15）年3月	42	209	380.587	0	4	出奔→帳外	4.214
1819（文政2）年3月	41	205	380.587	0	1	出奔→帳外？	5.717
					1	出奔→帳外？	0
1820（文政3）年3月	40	203	381.127	0	0		
1821（文政4）年3月	40	204	384.116	0、	0		
1822（文政5）年3月	39	204	384.116	0	0		
1823（文政6）年3月	40	205	387.374	0	0		
1824（文政7）年3月	41	203	387.374	1世帯/7人	0	家出→引き戻し	7.316
1825（文政8）年3月	42	198	377.826	0	0		

	破産・出奔世帯
対象者：名前，続柄，年齢 ※年齢は原文の表記通り	備　考
久八男子和助 25 ～ 26	
当主・長蔵 19 ～ 20	
治郎兵衛 37，妻いゑ 38（離縁→親元秀蔵へ），男子万次郎 11，女子りか 8，忠吉 5（下守道村仁兵衛子分に）	1818 年 3 月改めで家持に復活，1819 年 3 月改めで治郎兵衛のみ出奔，1820 年 3 月改めで弥三郎家に吸収されたのち，1821 年 3 月改めで別家，1846 年 3 月改めで再び高無家
平治 45，妻いそ 37，男子亀松 11，女子くに 9，女子さん 6	1815 年 12 月一同出奔，無印登録→翌年復活
勘七 45，妻やす 32，女子ひて 19，女子ふね 18，女子かん 16，女子ミつ 12（すゑ 23）	1815 年 11 月一同出奔，無印登録→翌年帳外 宗門改帳に記載はないが，別史料により 1815 年 4 月以前に欠落夜抜していること判明，1816 年 3 月改めでは消滅，元・治郎兵衛家
当主・吉次郎 42，妻たみ 38，男子吉蔵 10，男子吉松 7	出奔→無印登録→翌年帳外
庄右衛門養子庄介 38 ～ 39	
当主・次郎兵衛 41 ～ 42	
伝次 36，妻ゆか 29，男子市太郎 8，男子万蔵 4，弟卯八 23，弟友七 33，女子せん 19	1823 年 12 月 20 日家出→村の引き戻し工作→伝次家族 4 人無印登録，残りの弟卯八らが実印登録

表 1　大和国吉野郡田原村における破産・出奔世帯の推移（つづき）

宗門改帳作成年月	家数※寺除く	人数※僧除く	世帯持高総計（石）	破産・出奔世帯数／人数	世帯内出奔人数	破産・出奔世帯 事由	破産・出奔前持高（石）
1826（文政9）年3月	42	199	359.194	5世帯／12人	0	無高無家	4.73
						無高無家	0
						無高無家	0
						無高無家	0
						無高無家	0
1827（文政10）年3月	42	198	359.194	0	0		
1828（文政11）年3月	44	204	367.430	1世帯／5人	0	無高無家	0
1829（文政12）年3月	44	199	370.430	0	0		
1830（文政13）年3月	44	194	377.992	0	0		
1831（天保2）年3月	42	192	378.274	0	0		
1832（天保3）年3月	42	196	364.058	2世帯／6人	0	無高無家	0
						無高無家	5.82
1833（天保4）年3月	—	—	—	—	—		
1834（天保5）年3月	41	198	357.432	1世帯／1人	0	無高無家	3.91
1835（天保6）年3月	—	—	—	—	—		
1836（天保7）年3月	41	193	363.383	0	0		
1837（天保8）年3月	—	—	—	—	—		
1838（天保9）年3月	—	—	—	—	—		
1839（天保10）年3月	40	186	356.918	4世帯／7人		無高無家	0ヵ
						無高無家	0ヵ
						無高無家	0ヵ
						無高無家	0ヵ
					1	出奔？→帳外	0ヵ
1840（天保11）年3月	39	186	317.426	2世帯／3人	0	出奔→帳外	0
						無高無家	4.214
1841（天保12）年3月	39	194	317.426	0	1？	出奔？→帳外→通常登録	12.86
1842（天保13）年3月	38	191	304.566	1世帯／3人	0	家出→帳外	12.86
1843（天保14）年3月	38	195	304.566	0	0		
1844（天保15）年3月	38	195	292.308	0	0		
1845（弘化2）年3月	42	198	313.573	0	0		
1846（弘化3）年3月	42	207	309.712	1世帯／3人	0	無高無家	2.424

出典）片岡彦左衛門家文書4-5-24 ～ 81（宗門改帳），317 ～ 320（すゑ欠落関係），325（伝次家引き戻し関係）

第1章　近世日本の貧困救済と村社会　　7

	破産・出奔世帯
対象者：名前，続柄，年齢 ※年齢は原文の表記通り	備　考
伊介 52，妹とよ 31，男子 4，母つき 75	1825 年 3 月宗門改帳に「無高，家なし」貼紙
庄三郎 32	1824 年 3 月改めで一人別家，1831 年 3 月改めで，妹もと家（5.181 石）へ再吸収
もと 66，女子とめ 33	1834 年 3 月改めでは消滅
なら 22	1829 年 3 月改めで消滅
伝治 39，妻ゆか 32，忰市太郎 11，忰万蔵 7	1834 年 3 月改めでは消滅
かよ 42，娘いそ 16，娘きく 13，忰吉松 9，娘いわ 7	もと東ノ庄村で縁組していたが，不縁にて田原村へ加入，無高無家だが破産を示しているかは微妙，1834 年 3 月改めでは家持に昇格，1839 年 3 月改めでは家持肩書きのまま再び無高無家
藤七 21，姉まさ 29	1834 年 3 月改めでは家持に復活，1839 年 3 月改めでは家持肩書きのまま無高無家
安兵衛 42，妻いか 38，男子与吉 7，女子いよ 4	1834 年 3 月改めでは家持に復活，1839 年 3 月改めでは次世代で再び無高無家
亀松 27	いつ無高無家になったかは不明，1826 年 3 月改めですでに無家，1839 年 3 月改めでは消滅
藤七 29	いつ無高無家になったかは不明，家持肩書きのまま無高無家，1846 年 3 月で無家のまま高持に
忠吉（元・与吉）14，妹いよ 11	いつ無高無家になったかは不明，先代当主は安兵衛
宇八 39，忰千太郎 3	いつ無高無家になったかは不明，その後 1840 年 3 月改めまでに出奔→帳外
きく 26，妹いわ 19	いつ無高無家になったかは不明，家持肩書きのまま無高無家，弟市兵衛が帳外
きく弟市兵衛 22 ～ 23	1838 年 3 月改め後に帳外願い
宇八 39 ～ 40，忰千太郎 3 ～ 4	1839 年 3 月宗門改帳に出奔・帳外貼紙
きく 22	1839 年 3 月宗門改帳に「無高無家」貼紙，同年月改めまでに父儀助死去
当主・善右衛門 35 ～ 36	1840 年 3 月宗門改帳に帳外貼紙→翌年は通常登録
善右衛門 36 ～ 37，忰吉蔵 5 ～ 6，女子つね 2 ～ 3	1841 年 3 月改め後，家出
六兵衛（元・万次郎）40，姉りよ（りか）42，母いゑ 65	1814 年 3 月改めで身上沽却となった治郎兵衛家の子孫

共一同，去亥十一月出奔」などと，その事実がこまめに書き込まれる．つまり，18世紀末以降の田原村で，破産や夜逃げがどれほど生じていたのかを，比較的客観的な数字で追える帳面になっているわけである．そうした史料的特性を活かして，1795〜1846（弘化3）年の約50年間，ほぼ2〜3世代にわたる期間で，いつ，どの世帯が破産・出奔したのか，あるいはどの世帯から個別構成員が家出して帳外扱い（無籍者／無宿となる）となったのかを整理したのが，表1である．あわせて，宗門改帳に登録された家数（世帯数）と人数，および各家の持高の総計も記しておいた．

　毎年の宗門改帳が完璧に残されているわけではないので断言はできないが，18世紀末以降の田原村では，どうやら2〜5年に一度の割合で破産や夜逃げ，あるいは個別構成員の家出が生じていたことがわかる．なかには，1815年4月〜16年3月や1825年4月〜26年3月のごとく，一年に一気に3〜5世帯も夜逃げ，ないしは破産してしまった年度もあったようだ．田原村の家数は18世紀末以降，およそ40軒ほどで推移していたことからすると，こうした実態は，村人たちに強い印象を残したことであろう．参考までに，1899〜1905年の奈良地方裁判所が，単年度に新規に宣告した破産件数をみると，年間1〜6件ほどとなっている（明治32〜38年『奈良県統計書』）．同裁判所が管轄した奈良県全域でこの程度の数字であるわけだから，40世帯ほどの小さな村の住民からしてみれば，毎年ではないにせよ，数年おきに目の当たりにする破産や夜逃げは，少なからぬ衝撃と危機意識をもたらしたに違いない．

　それを裏づけるように，この時期，田原村の人々は自村の窮状を訴える際，「近年，破産や夜逃げをする人が多い」ということをたびたび主張する．たとえば1816（文化13）年11月，諸種の名目金や商品買付の前借り金（「諸代呂物代先銀貸付」），あるいは滞ったツケ（「諸代呂物買掛滞貸付」）などの返済で首がまわらなくなった田原村の「貧窮人共」33軒が，債権者である「町方・在方銀主」43名に対し，借金返済額の「追々減少」を願い出たときには，「去冬より追々逐電出奔人多有之」と述べられている（大宇陀町1996：257〜260頁）．ここでいう「去冬」すなわち1815年冬に，出奔人が「多く」出たというのは，同年11〜12月に，平治家と勘七家が相次いで一家総出で夜逃げした事実を指すのであろう（平治家はすぐに復帰するが，勘七家はそのまま帳外扱いに）．

また，1814（文化11）年3月の宗門改帳によれば，「今度当村ニ潰百姓多出来」したので，近隣の町場である宇陀松山町より，「入作」百姓として吉次郎一家4人を呼び寄せ，村方で熟談のうえ，当時百姓代を務めていた万蔵の「家内人」＝養子として登録し，万蔵の借屋を貸し渡して，村の「手余地」を「引負せ」る（耕作させる）ことにしたという．潰れ百姓が「多く」出たとは言うものの，実際に確認できる破産件数は1814年3月段階で1世帯，その前年ではゼロであるが，おそらくその破産した1世帯が，かつて村内第1位の石高を有し（30〜50石台），庄屋も務めたことのある治郎兵衛家であったため（木下2017），その急降下ぶりが強く印象づけられて，「潰れ百姓が多い」という表現につながったのであろう．なお，上述の吉次郎家はその後，1816年3月には万蔵家から別家し，持高4.7石余の儀助家を吸収して，持高4.2石余の独立世帯として登録されるが（持高微減の理由は不明），翌1817年4月〜18年3月に，儀助家を残したまま家族全員で出奔してしまい，そのまま帳外扱いとなった．

　潰れ百姓の増加と，それにともなう手余り地＝村惣作地の増大（村全体で肩代わりする年貢高の負担増）は，田原村だけでなく，18世紀後半〜19世紀前半の大和国全体で，多くの村々が自村の困窮を主張する際，言及する事柄であった（谷山1994）．表1からうかがえる田原村での破産と夜逃げの発生頻度は，そうした主張が，一面では真実味を帯びていたことを示していよう．

　ただしその一方で，田原村で確認できる破産・夜逃げの発生回数は，村が困窮を訴えるときの主張内容が，必ずしも鵜呑みにできるものではないことも教えてくれる．1808年3〜5月，田原村は先述の世帯収支報告書などを証拠資料として，領主の幕府代官に年貢減免を迫った際，「高持頭百姓，近年五軒沽却仕候」，あるいは「頭百姓共，近年ニ八軒沽却仕」と，高持百姓が「近年」5軒ないし8軒破産したと主張している（大宇陀町1996：272〜312頁）．ところが，少なくとも直近の1805〜07年の3カ年をみる限り，高持百姓が5軒も8軒も破産した様子はみられず，せいぜい1806年4月〜07年3月に，長蔵家の当主長蔵が単身で家出した例を確認できるにすぎない．

　また1816年2〜9月には，「郡中無類之貧村」である田原村の現状を打開するため，同村は奈良奉行所に対し，①諸方の債権者が幕府法廷に借金返済訴訟を持ち込んでも，本年から5年間は返済を猶予し，その後は無利息／50年賦とする

こと（先述したように，同年11月には債権者たちに借金返済額の減免交渉を持ちかけている），②和薬株や質屋株といった諸株仲間に囚われず，50年間は「直売」＝自由取引を認めること，③年貢高を，比較的低税率であった1733〜37（享保18〜元文2）年頃の水準にまで引き下げることを願い出た．このときにも村人たちは，「一村退転」に及ばんばかりの「困窮」ぶりを証拠だてる手段として，この10年間「家内引連，村方追々立去り候もの多」く，とりわけ「去亥年」＝1815年からは，「借財ニ負迫」った「手弱百姓」のうち，「五十人余」（「三拾人」とも）も「出奔」した，と主張した（大宇陀町1996：314〜323頁）．

　さきにみたように，1815年4月〜16年3月には一気に3世帯／12人が夜逃げし，かつて村内有数の富裕層であった治郎兵衛家が1813年4月〜14年3月に破産するという衝撃的な事件もおきていたわけであるから，村を立ち去る者の「多さ」を強調する人々の訴えは，一面では事実に裏づけられたものであった．だが宗門改帳をみる限り，1815〜16年に，村内人口の1〜2割台にも当たる30〜50人規模で出奔がおきていた形跡はまったくみられない．さらに，この10年で一家全員で立ち去る者が増えたとは言っても，実際には家数も人数も10年前の1806年前後から，40〜42軒／212〜226人ほどで推移しており，極端な人口減がみられるわけでもない．村の窮状を何とかしたいという切実な思いから発せられた困窮主張文言は，「ウソ」を言っているわけではないが，かと言って，そこに掲げられる具体的な数字を信用するには，相当慎重でなければならないといえよう．

　上記は，村が「うまくいっていない」と主張されるときにみられた実態と表現のズレであるが，同じことは，村が「うまくいっている」と認識されていたときにもみられる．1829〜30（文政12〜13）年，片岡彦左衛門家の「別宗旨・名字」赦免願いが領主の幕府代官へ出されるなか，五条代官の矢嶋藤蔵から，彦左衛門家のこれまでの「奇特」ぶりを尋ねられた田原村百姓たちは，1830年3月，その「勤功」の一つとして，「拾六七ヶ年以前」（今でいう15〜16年前）に，村が「国至困窮」にて「諸向借用銀五拾貫目程」もあり，村人全員が破産しかねない（「一村不残沽却も可仕様」）状況に陥っていたとき，彦左衛門が「色々心配」してくれ，借金整理に骨を折ってくれたおかげで，村人たちの生活が安定した（「厚骨折ニ而借財向相片付，其影ニより当村百姓相続も出来候様ニ罷成候」）と報告した（片岡家文書4-17-3-8〜13）．

1830 年の 15 〜 16 年前といえば，さきにみたごとく，元庄屋家が破産し，一年に複数世帯が夜逃げして，村全体で借金返済が問題視されていた時期であった．上述の報告だけをみれば，その後，村の中心的な家であった片岡家の尽力により，村人たちの負債処理がうまくいき，村全体の景況が安定したかにみえる．だが実際には，その十数年の間にも，以前と変わらぬ頻度で破産と夜逃げが発生しており，家数は 44 軒にまで微増したものの，人数は 200 人を切るようになっていた．加えて，村人たちがあれほどこだわった各世帯の持高の維持と村惣作地の抑制についても，各家の持高総計をみると，この間に結構高下しており，1823 〜 24 年に向けては漸増傾向にあったものの，その後は減少して，1826 〜 27 年にはついに 359 石にまで落ち込み，太閤検地村高 398 石余との乖離が大きくなって，手余り地が増える結果となってしまっている（村外地主がいる場合，この乖離はもう少し小さくなる）．村人たちが片岡家の奇特を称えた 1830 年 3 月には，378 石弱まで持ち直すものの，それでも「一村残らず沽却」しかねなかったという 15 〜 16 年前の 380 石台にすら，実は及ばない．破産と夜逃げの発生をめぐる実態と主張のズレは，村の困窮が強調されるときだけでなく，そこからの復調が述べられるときにも注意しなければならないのである．

　もう一点，破産と夜逃げの量的推移を追いかけることで気づかされるのは，その発生世帯の属性をめぐる，とらえどころのなさ，である．木下（2017）で試みたように，1807 年 1 年分の世帯収支を調査した 1808 年報告を起点として，その後どの世帯に破産や夜逃げがおとずれたのかを追跡すると，どうみても潰れ百姓となってもよさそうな超・大赤字世帯が平然としていられた一方，等価可処分所得や赤字率からみて，とても破産しそうにはみえない健全経営世帯が，身上沽却や出奔の憂き目に遭う，というこちらの予想と思い込みを打ち砕く事実を突き付けられる．以前の考察では，一部の世帯の動向を単発的に追いかけたにすぎなかったが，1846 年 3 月までにいたる全世帯の推移を整理すると，世帯収支の実情から，破産や夜逃げを科学的，法則的に予測することの難しさを，あらためて確認することができる．

　1808 年の世帯収支報告で，調査対象全 41 世帯のうち，単年度黒字を計上していたのはわずか 3 軒だけであり，そのうちの 1 軒が安兵衛家であった（木下2017）．1808 年当時，安兵衛家は 19 歳の安兵衛と 45 歳の母いちの 2 人世帯で，

持高は4石ほど，借金も抱えるような世帯であったが（単年度利息が銀37.5匁で，年収の約7％に相当），年収の67％ほどを占める5石／銀350匁の米を筆頭に，麦，煙草，大豆，菜種，里芋，和薬，小豆といった諸作物の集合によって銀515.75匁（村内第29位）の年収を得ていた．一方，支出としては，年収の3割弱を占める「上納・小入用」（税金と村入用）銀152.75匁を工面しつつも，1人につき年間米8斗＋麦1石の「飯料」（主食費），および1人前銀50匁の「造用」（個人支出）という，当時の田原村にとっての一般消費水準をしっかりと2人分確保したうえで，年間支出を銀472.25匁とし，差引43.5匁の黒字を出していた．等価可処分所得も村内第7位の銀216匁余と健闘しており（中央値は115匁余．なお木下（2017）で示した各家の等価可処分所得は，全面的に修正されるべき点については木下（2018）参照），持高も1815年以降は5.82石を維持し続けて，経営は比較的安定していたかにみえた（安兵衛も結婚し，1828年には子ども2人の4人家族となっている）．ところが1831年4月～32年3月に突如「無高無家」となって，破産してしまう．その後1834年3月の宗門改帳では，無高のまま，棟数1つの家持として登録され，経営が立ち直りつつあったかにみえたが，1839年3月時点で再び「無高無家」となっていて，1836年4月以降いずれかの時点で再度破産していたことがわかる．しかもその間に，安兵衛夫婦は子ども2人を残して村を出てしまったらしく，1839年3月段階では，いまだ15歳にも満たない忠吉と妹いよの2人世帯となっていた．単年度黒字をたたき出したことのある健全経営世帯といえど，いつ破産の憂き目に遭うかはわからなかったのである．

　同じことは，1842年3月時点で，子ども2人を引き連れて家出し帳外扱いとなっていた，持高13石弱の善右衛門家についても言える．善右衛門家は，善次郎家の系譜をひく家で，その善次郎家は1808年の世帯収支報告では，年収銀1貫724匁（村内第7位），等価可処分所得172匁余（第14位），赤字率29％ほどで，田原村のなかでは比較的高収入かつ健全経営に位置する家であった（木下2017）．持高は，1808年前後で17石ほど，1822年には23石弱となり，庄屋を経験することもあった．善右衛門家は，そうした村内有数の家の一つであった善次郎家から，1833年3月の宗門改め後，分家してできた家であり，父・善次郎から持高16石余を分与されて，1834年3月の宗門改帳では棟数3つ，牛1疋を有する独身世帯（29歳）として登録された．順風満帆な世帯独立であったかにみ

えたが，持高が 12.86 石とされた 1840 年 3 月の宗門改帳に突如，「善右衛門，帳外ニ相成候」という貼り紙が付される．翌 1841 年 3 月の宗門改帳では，何事もなかったかのように通常登録されるが（善右衛門のハンコも押されている），結局 1842 年 3 月の宗門改帳に，「此所善右衛門，去御改後，家出仕候ニ付，長外ニ相成申候」とあるように，1841 年 4 月以降，子ども連れで出奔し，そのまま帳外扱いとなってしまった．庄屋を輩出するような「名門の出」であろうとも，破産と夜逃げは突然やって来かねなかったわけである．年収はそれほど高くはないが黒字世帯であった安兵衛家といい，高収入世帯出身の善右衛門家といい，やはり近世日本の村社会において，貧困の象徴たる破産と夜逃げは，科学的な法則無しに融通無碍におきていた，と言わざるを得ない．そして，それが融通無碍におきていたからこそ，先述した破産と夜逃げの発生をめぐる実態と主張のズレもまた，たえず生じかねなかったといえよう．

3 貧困救済の適正規模

　では，破産と夜逃げが 2 〜 5 年おきに融通無碍におきるなか，そうした事態を少しでも回避し食い止めるため，近世日本の村人たちは，どこまで同じ村に住む住民に救いの手をさしのべようとしていたのであろうか．17 世紀以来の村社会では，村内に生活困窮者がいた場合，その世帯がなるべく路頭に迷わぬよう，村の公的責任として種々の救済をほどこした一方，ときには強烈な「見放し」の姿勢を当該世帯に示して，あえて公的救済を発動しない場合もあった（木下 2017）．自村民の生活保障について，どこまでを村の公的責任として負い，どこからを個々の世帯の自己責任に属する問題として突き放すのか，その両者の間で，たえず村社会は揺らいでいたのである．ここでは，そうしたせめぎ合いの内実にいっそう迫るため，村が公的救済を発動する場合，いったいどれくらいの量と期間の救済が適正規模と認識されていたのか，追究してみることとしよう．

　結論先取的にいえば，村の公的救済とは，その該当世帯が困窮している限り，十分な量が提供され続けるものではなく，きわめて限られた量が，限られた期間，支給・貸与されるにすぎないものであった．先述したように，1808 年に世帯収支調査を実施した頃の大和国田原村では，1 人につき年間米麦 1.8 石，すなわち

1日4～5合の主穀消費があってしかるべきだと考えられていた．ところが以下述べるように，村の公的救済で提供される救済量は，これにはるかに及ばないもの——しかも限定された期間で——であった．

1801（寛政13）年正月，河内国丹南郡野中村（現・大阪府藤井寺市）で家族全員が病気のため困窮していた久右衛門家は，当初，村の五人組と親族から「合力」（経済援助）を得て何とか暮らしていた．だがその援助もいよいよ限界を来したため，五人組と親族から相談をうけた村役人たちは，協議の結果，村から麦1斗3升分にあたる代銭1貫文を，無利息の出世払いにて久右衛門へ貸与することを決めた（木下2017）．出世払いにすることで，困窮世帯を無理に追い込まず，経営の立て直しを長い目で見守ろうとするあたりに，村社会の「温情」が垣間見られるが，そこで提供された救済費は，家族全員で1日につき麦4合，しかも貸与日数は30日分という，非常に限られたものであった（貸与金は五人組と親族が預かり，それを原資に1日4合の麦を久右衛門家へ渡すという方式）．

同様の傾向は，米価をはじめとする諸物価が急騰した，1866～67（慶応2～3）年頃の村々でもみられる．河内国丹北郡六反村（現・大阪市）では1866年5～8月，物価高騰に苦しむ「小前難渋之者」（実態は小作人中心）を助けるため，領主の小田原藩大久保氏に対し，摂津・河内の領分村々72カ村で御救を要求して，御救銀の下付を勝ち取る一方，村の独自対処として，村内備蓄米の貸付，安売り，および施行（施し）を実施した．村の難渋人を救済するため，短期間のうちにありとあらゆる手段が講じられたわけであるが，このとき，生活が最も苦しそうな「極々難渋人」を対象とした施行は，1人につき1日米1合の割合にすぎず，支給期間も6月10日～8月10日の60日間限定であった（木下2017）．翌1867年3月8日～5月晦日，村内の「身元相応之者」からの出資にて「極々難渋人」に対してなされた「白粥」（「茶粥」とも）および「正米」施行でも同じく，1人1日白米1合という程度の支給量であった（大阪市史編纂所保管小枝家文書B8-89~91）．

この1人1日米1合という分量は当時，六反村だけでなく，諸村で共有されていた施行の適正規模認識だったようだ．たとえば，六反村とともに小田原藩の丹北郡5カ村組合を構成していた東出戸・西出戸村役人が（残り2カ村は東瓜破村と城連寺村），1866年6月6日に六反村庄屋へ書き送った書状によれば，「施米」は1日につき「壱人ニ壱合宛施し」が，東西出戸村での「古来」からの「御約

定」であったという（小枝家文書 B16-200）．また，そもそもこのときの施行では，組合村内での横並びが意識されたらしく，同年 6 月 13 日付六反村庄屋宛東瓜破村庄屋書状には，「極難渋施行之儀」は先達ての「御組合御相談」にて，1 日につき「人別壱人ニ黒米壱合ヅヽ，日数大体六十日施し」に決した，とある（小枝家文書 B16-198）．なお東瓜破村では，「黒米」（玄米）のままでは「米つき申候事が迷惑かトぞんじ」たので，精米した「白米ニ而，七月晦日迄日数五十日」の間，一度に「五日分丈ケヅヽ相渡」すつもりだ，とも伝えている（黒米 60 日間と白米 50 日間との間には「格別甲乙茂無之」＝さほど差はないという認識）．ただいずれにせよ，期間限定の少量救済であることに変わりはない．

　上記は，同じ藩領内での共通認識であったが，同様の救済志向は領主を異にする別の村でも確認できる．1867 年 2 ～ 3 月，河内国丹北郡若林村（現・大阪府松原市）で「極難渋人」向けになされた施行は，1 人 1 日白米 1 合という分量であった．しかもその提供期間は，2 月 25 日～ 3 月 14 日の，たった 20 日間であった（木下 2017）．さらに，版籍奉還によって領主制の放棄が進行しつつあった 1870（明治 3）年 3 月 15 日，旧幕領村々の大和国吉野郡木津組 18 カ村（現・奈良県東吉野村など）で作成された『困窮人施米書上帳』によれば，同組の杉谷村など 6 カ村の「極難渋／極困窮人」164 名を対象とした「施米」も，「麦作取入迄凡五十日之間，一人前ニ一日ニ米壱合宛之割合ニ而救助」という規模であった（大宇陀町 2002：290 ～ 291 頁）．1 人 1 日米 1 合の期間限定提供という救済発想は，その後も村社会のなかで生き続けたようで，1880（明治 13）年，大和国平群郡西安堵村（現・奈良県安堵町）で「窮民」21 名に対してなされた粥施行でも，新暦の 5 月 5 日～ 6 月 5 日の 30 日間，1 人 1 日白米 1 合の割合で実施されている（安堵町 1991：736 ～ 737 頁）．

　限定的な救済は，米や粥といった現物の直接支給だけでなく，現金給付でも同様であった．1866 年 5 月，大和国平群郡東安堵村（現・奈良県安堵町）では村内の「困窮人」救済策として，「救ひ米」に相当する代銀を，村から該当世帯へ支給することとした．その内容とは，5 月末～ 7 月末の 60 日間，1 人につき 1 日銀 1 匁の割合で，10 日ごとに 10 匁ずつ，計 60 匁渡す，というものであった（安堵町 1990：447 ～ 452 頁）．このとき，東安堵村が基準としていた米価は，1 石につき銀 700 匁であったので（同時期の河内国六反村では 900 ～ 950 匁を採用．木下 2017），銀 1 匁とは約 1.4 合の米に匹敵することとなる．さきにみた 1 日 1

合と比べれば，幾分か多い支給量といえようが，それでも所詮は微増にすぎず，限定された量と期間という点では，他と変わるところはない．

　このように，19世紀の河内国や大和国に残る断片的な史実による限り，近世日本の村社会における公的救済，とりわけ施し型のそれは，1人1日米1合を一つの基軸として，非常に限られた量を，非常に限られた期間（短ければ20日間，長くても2カ月）しか提供しないところに大きな特徴があった．木下（2017）で指摘したように，19世紀初頭の大和国田原村に生きる人々にとって，1人1日4～5合の米麦消費は，たとえ世帯の年間収支が赤字になろうとも堅持されてしかるべきと考えられていた生活水準であった．まさに当時の村人たちにとっての一般消費水準であったといえるわけだが，そこから比べると，1人1日米1合という支給量は，明らかに量的に不足していた．加えて救済期間についても，該当者が困窮している限りは恒常的に助け続けるという姿勢ではなく，1870年3月に大和国吉野郡村々が示した「麦が収穫されるまでの約50日間」という表現に端的に示されるように，麦作・米作といった主穀の端境期を中心とした，ごくわずかな期間しか助けようとしないものであった．

　つまり，近世日本の村社会において，村の公的責任で負うべき救済とは，この程度の規模でいいと考えられていたわけであり，たとえその対象が，村から「極困窮／極難渋／極々難渋」と認定された人々であったとしても，1人1日米1合の短期支給で十分だと認識されていたのであった．一般に近世の村社会は，相互扶助を旨とすると理解されているが，そこでみられる助け合いの精神とは，実はこうした臨時性，限定性を本質としていたわけである．冒頭で述べたように，領主による御救もまた同様の性格を有していたことからすると，公的救済は臨時的／限定的なもので良しとする発想は，村人から公権力にいたるまで，近世日本社会全体を貫く基本姿勢であったといえよう．この点は，17世紀後半以降のイングランドでは，週単位で支給される救貧費が，少なくとも生存を維持していくには十分な量で（日雇い労働世帯の生活水準に相当する額），なおかつその支給期間も5～12年に及ぶのがザラであり，ときには20～30年にもいたることがあったのとは，決定的に異なっていた（Hindle 2004）．

　さらに深刻なのは，近世日本の場合，臨時的／限定的な救済であるにもかかわらず，その公費負担で村に迷惑をかけたとして，受給者に対し制裁が発動されて

第 1 章　近世日本の貧困救済と村社会　17

しまう点である（木下 2017）. 1837（天保 8）年 4 月,大和国平群郡法隆寺村（現・
奈良県斑鳩町）ほか 10 カ村で構成された幕領の組合村「法隆寺・竜田村組合」では,
「施行米受候もの」に対し,「一代限」（約 20 〜 30 年）の「慎」として, ①男女
とも「銀物」はもちろんのこと,「目立」った衣類の着用は禁止, ②男性は羽織
と雪踏,女性は「髪之餝・縁取之はき物等」の着用・利用は禁止, を命じた. 天
保飢饉のさなかではあったが,組合村々から公的に施しをうけてしまったばかり
に,成人男性であれば,村の公式な場に羽織と雪踏の正装で臨めない,という辱
めをうけなければならなかったのである.

　もっと踏み込んだ制裁を実行したのが,河内国若林村であった. 先述した
1867 年 2 〜 3 月の施行に際し,村から施しをうけなければならないほど「必至
困窮ニ落入」ったのは,日頃から家業を「不情(精)」にしてきたせいだと,自己責任
論を前面に押し出して受給者を批判したうえで, ①「施行受候者共名前」を村人
たちが集う髪結床,および受給者宅の軒先に張り出す, ②日笠,雪踏,「表付之
下駄」,絹布は利用・着用禁止, ③施行米を寄付した「施主人」の家に用事があ
るときは,門の手前で履き物を脱ぎ,「這入」るような低姿勢でうかがう, ④大
酒と物見遊山は禁止,という制裁規定を 5 年間,受給世帯に課した. 今回の施行
は,「極難渋之もの共」からの要望によって実現したものであったが,それは自
分の名前が長期間,村のなかで晒し続けられるという屈辱を受け入れることと引
き換えだったのである.

　近世イングランドの教区では,ひとまず生き抜くことは可能という意味での十
分な量の救貧費を定期支給することにより,住民の生存維持をまがりなりにも恒
常的に保障しようとするなかで（もちろんそのなかで,救貧に値する／しない者
の選別と排除は行われる）,受給者に対するバッジ付けが実施されていた. 最低
限の生活は一応保障するが,そのかわり教区の「お荷物」になったとして負の烙
印を押す,ということであろう. ところが近世日本の場合,村は「極難渋／極々
難渋」と認定した世帯に対してすら,一般消費水準の 1 人 1 日 4 〜 5 合の 4 分の
1 程度にしか相当しない 1 日 1 合という,およそ生き抜けるかどうかさえ怪しい
ギリギリの量の救済費を,それも短期間しか提供しようとしなかった. にもかか
わらず,村に迷惑をかけたとして,受給者名を公開処刑的に村のなかで晒すとい
う,近世イングランドのバッジ付けに勝るとも劣らない強烈な制裁を,受給者に

食らわすことを辞さなかったのである.

　日本の村人たちは、なにゆえ臨時的／限定的な公的救済しか志向せず、なにゆえその限られた量と期間の救済をうけたにすぎない受給者たちに対し、かほどまでに厳しい姿勢で臨んだのであろうか. それは近世日本の村社会が結局、個々の世帯経営の浮沈とは、最終的には個別世帯の自己責任に帰着する問題だとみなしていたからであろう（木下 2017）. 隣人の破産と夜逃げが、法則的ではなく融通無碍におきる状況をみて、村人たちはますますその思いを強くしたに違いない. したがって村社会が、自村民の救済をめぐって、村の公的責任と個々の家の自己責任との間で揺らいでいたとは言っても、それは双方の責任が同等の立場で並立しているなかで生じていたことではなく、各家の自己責任がまずは根源にあり、村の公的責任、すなわち相互扶助的世界はそれを補完するにすぎないという原理・原則を前提とした、揺らぎとせめぎ合いであったといえよう. だからこそ村の公的救済は、限定的な量の臨時的な提供で十分だと認識されていたのであり、だからこそたかだか 1 人 1 日 1 合の 20 日間支給にすぎなくても、自己責任を全うできず村に余計な負担をかけたとして、強烈な社会的制裁が発動されたのであろう.

　加えて重要なのは、上記のような強い自己責任観にもとづく救済発想を、救われる側の困窮者もまた、深く内面化していたことである. それを象徴するのが、村から「タダ」で助けてもらうのをなるべく回避しようとする動向である（木下 2017）. たとえば、先述した 1866 年 6 〜 8 月の河内国六反村における施行は、もともと「極々難渋人」たちの生活を慮った村側から提案されたものであったが、当の本人たちは、むしろ村の備蓄米の安値購入を希望し、結局、施行米を受給したのはごくわずかな世帯であった. また、和泉国泉郡南王子村(現・大阪府和泉市)では 1850（嘉永 3）年 12 月、「極難之時節」のなか、「村内身元相応之者」から「極難末々之者」へ米・麦・銭が施されていたが、「中分之者」（中流の家格）たちは、決して「村内施行」をうけようとはせず、他村への「袖乞」にも行こうとはしなかった. さらに、同じ南王子村では 1846（弘化 3）年、当主が病気であったため生活が苦しかった半兵衛一家に対し、親類や五人組から「助抱」（経済援助）が提供され、債権者たちも半兵衛家の「難渋之儀を察」して、「借用方厳敷催促」することを差し控えていた. 村全体としては半兵衛家を支援する方向だったわけだが、それにもかかわらず、半兵衛たちは家族全員で夜逃げしてしまう. そして

その理由とは，これ以上ひとの手を借りながら村のなかで生活し続けるのは忍びない（「此上日々介抱を請候而者冥加も無之」）という，「いたたまれなさ」であった．

　つまり，近世日本の村人たちにとって何より大事だったのは，自活して村に迷惑をかけないことだったのであり，そのためにも，経済的負担のない施し型＝給付型の救済より，「買う／借りる」というカネのかかる救われ方をあえて選び，恥を忍んでひとの助けにすがり続けるくらいなら，いっそのこと村を出た方がましだと考えたのであった．たとえ臨時的／限定的な救済であろうとも，村に迷惑をかけたことには変わりないとして，制裁を発動するのを良しとする発想は，単に救う側から救われる側へ一方的に押し付けられたものだったのではなく，救われる側もまた，深く内面化して支え続けていた救済観念だったのである．

4　今後の展望

　以上，破産と夜逃げを貧困の指標として，その発生頻度から，近世日本の村社会における貧困の実態を可視化＝数値化するとともに，村の公的救済で基準とされた救済費の量と提供期間の具体的数値から，当時の村人たちが共有していた救済の適正規模認識を可視化してきた．その結果，19世紀前半においては，破産と夜逃げが2～5年おきに融通無碍に発生し，潰れ百姓の増加に危機意識をもった村々の困窮主張文言が，一面では真実を物語っていたことが明らかとなった一方，同じ数値化によって，村人たちの主張が鵜呑みにできないこともまた判明した．貧困救済の構造的特徴上，系統立った統計史料が作成され得なかった近世日本では，前近代ヨーロッパの貧困史研究では常套手段となっている貧困者や救貧費受給者の人数や属性，あるいは救貧費の額面をめぐる統計的な処理はほぼ不可能である．だが，たとえ限られた史料であったとしても，地道に可視化の基礎作業を進めることが，他の関連史料を位置づけるうえでいかに大事なことなのか，本章の成果は物語っているといえよう．貧困とは所詮，人々の価値観，すなわち主観から逃れることはできず，その主観性を自覚しながら，貧困の客観化＝可視化を推し進める必要がある（岩田 2007）．近世日本の村人たちが大量に残した困窮主張史料は，まさにそうした価値観／主観の塊であったわけだから，その価値観の内実に迫るためにも，引き続きあらゆる角度と史料から可視化の作業に取り

組まなければならない.

　本章で明らかとなったもう一つの史実とは，1人1日米麦4〜5合という一般消費水準の4分の1程度にしか相当しない1人1日米1合を，せいぜい20日間〜2カ月程度支給すれば十分だとする，村の公的救済をめぐる適正規模認識である．しかも，この程度の非常に限られた量と期間でありながら，その受給者に対しては，それが村から「極難渋」と認定された人々であったとしても，きわめて厳しい制裁がくだされた．村人たちにとって家の経営とは，本来自己責任で背負うべき事柄であり，たとえどれほど生活が苦しく，どれほど村に救済の手段と意思があろうとも，最後までひとの助けに公的に頼るべきではない——とりわけ「タダ」で助けてもらうような施し型の救済において——と考えられていた．ゆえに，村の公的救済とは臨時的／限定的なもので構わなかったのであり，逆にそれを受給しようとするならば，村に余計な負担をかけた以上，屈辱的な仕打ちを食らっても仕方がないと認識されていたのであろう.

　村の次元であれ公権力の次元であれ，公的救済の本質が臨時性／限定性にあったとするならば，さらに追究すべきは，村人たちにとって，より身近な救済手段であったに違いない親族や近隣住民といった私的領域における相互扶助の，救済能力如何であろう．救貧において，私的（informal）な救済が有する重要性は，ヨーロッパの貧困史研究ではつとに指摘されるところであり，近世日本の村社会でも現象そのものは確認されるが，一方で破産と夜逃げが融通無碍におきている状況をみると，親族などによる手助けにも限界と，一定段階での「見放し」があったのではないかと想定される．また，公的な救済になるべく頼ろうとしないということは，それだけ土地や金銭の売買や貸し借りといった日常的な経済取引が，結果として重い生活保障機能を有していたことを意味する．そのような私的領域における救済と生活保障の実情，および適正規模認識が明らかとなれば，近世日本の貧困救済をめぐる歴史像は，より立体的なものとなるであろう.

　このほか，現代への射程という意味でも，近世の村人たちが公的救済にみせた臨時的／限定的な態度は興味深い．日本国憲法第25条と1950年制定の（新）生活保護法に支えられる現代日本の生活保護制度は，全国民に対し無差別平等に「健康で文化的な最低限度の生活」を保障した画期的なものである．ところがその内実はというと，要保護世帯の捕捉率は多く見積もっても2割ほどしかなく，支給

される保護費も「健康で文化的」どころか,「日常生活で寝起きするのに必要な程度の栄養充足」を保障するものでしかない（岩永 2011）．近世の村における公的救済が,一般消費水準にはるかに及ばない量にすぎなかったことからすれば,少なくとも必要カロリーという「生理的必要」だけは満たそうとする現代の生活保護制度は,「進歩」しているといえよう．だが,寝起き程度の保護費を,ごく限られた人々にさえ支給しておけば十分だとする発想からは,公的救済を限定的なもので良しとした近世の伝統の,根深い持続が看取される．そうした長期的な目線をもちながら,今後も近世,そして近現代の貧困史研究に取り組むべきであろう．

文献一覧
安堵町史編集委員会編
　　1990『安堵町史』史料編上巻,奈良：安堵町.
　　1991『安堵町史』史料編下巻,奈良：安堵町.
稲葉継陽
　　2002「戦国期の土地所有」,渡辺尚志・五味文彦編『新体系日本史3　土地所有史』（山川出版社）：225-238 頁.
岩田正美
　　2007『現代の貧困——ワーキングプア／ホームレス／生活保護』,東京：筑摩書房.
岩永理恵
　　2011『生活保護は最低生活をどう構想したか——保護基準と実施要領の歴史分析』,京都：ミネルヴァ書房.
宇陀市教育委員会
　　2016『宇陀市文化財調査報告書第6集　片岡家文書調査報告書』,奈良：宇陀市教育委員会.
新訂大宇陀町史編集委員会編
　　1996『新訂大宇陀町史』史料編第2巻,奈良：大宇陀町.
　　2002『新訂大宇陀町史』史料編第3巻,奈良：大宇陀町.
木下光生
　　2017『貧困と自己責任の近世日本史』,京都：人文書院.
　　2018「天保飢饉下の村民世帯収支——大和国吉野郡田原村・1837 年『去申年御田畑出来作物書上帳扣』の紹介」,『奈良史学』（奈良大学史学会）35：23-63 頁.
谷山正道
　　1994『近世民衆運動の展開』,東京：髙科書店.
Hindle, Steve
　　2004 *On the Parish? The Micro-Politics of Poor Relief in Rural England c.1550-1750.* Oxford: Oxford University Press.
Jütte, Robert
　　1994 *Poverty and Deviance in Early Modern Europe.* Cambridge: Cambridge University Press.
Slack, Paul
　　1988 *Poverty and Policy in Tudor and Stuart England.* London: Longman.

第2章　近世日本の「俗医学」と
　　　医薬市場の空間

スーザン・バーンズ
Susan L. Burns

訳：豊沢 信子
Nobuko Toyosawa

1　近世日本の医学史と「俗医学」

　1980年代以降，江戸時代の医学に関する研究は大きく発展した．その過程については良質な論考が多数登場したことが何よりの裏づけとなっており，本章と深く関係する課題としては「在村医」の実証分析が格段に進んだことが挙げられる（中島 2015）．信濃国松本藩における「村の医者」を広く世に広めた塚本 学氏の画期的な成果を筆頭に，19世紀初期の日本では都市だけでなく，村落においても当地の医者が人々に医療を施す社会になっていたことがわかってきた（塚本 1982）．また，八王子付近の村役人の日記を抜粋しながら長田直子氏は，1830年から1850年の間には少なくとも60人の「自称医師」がこの地域で医学を実践していたと断定した（長田 2007）．そのほかにも地域から全国レベルに至るネットワークが医学流派によって構築され，医学書・治療手法・技術が長崎，京都，江戸を中心に広く普及していたことも確認できる（細野 2007）．たとえば，アン・ジャネッタ氏は，日本各地にいたシーボルト（1796年生〜1866年没）の弟子たちが天然痘の種痘を広めるネットワークをつくった経過を明らかにした（Jannetta 2007）．そして町泉寿郎氏は，医学館の設立や医学書の普及を推進した幕府の役割と貢献を詳しく論じている（町泉 1999, 町泉 2013）．

　こうした研究成果から，1870年代に明治政府が設置した医制に象徴される医学の近代化よりはるか以前に，医者および医療組織の拡充が認められ，社会のなかで浸透していたことがうかがえる．しかし，近世都市や村落における医療の機

会が知られるようになったものの，一般の庶民がいかに自分の体を理解していたかという点はほとんど触れていない．近世の日本人は，自分の身体が病気と健康にどう関与していると理解していたのだろうか．そして筆者が名づけた「俗医学」という民間に広まっていた医学の知識は，医者が論じ実践していた医学とどこまで通じあうものがあったのだろうか．

　ちなみにこの俗医学という言葉は，メアリー・エリザベス・フィッセル氏の展開した「俗的身体」なる概念から示唆を受けた（Fissell 2006）．フィッセル氏は，庶民による身体の理解（俗的な理解），言説に仲介されながらあらわれてくる知識を測る概念として使用した．本章ではこの学説に依拠しつつ，俗医学は一般の人々が蓄積していた身体，病気，治療に関する情報のことを指し，庶民はこうした知識にもとづいて医学を実践していたと想定している．ただし，誤解なきように断っておくが，いわゆる「民間療法」や「伝統医学」と呼ばれる日常生活の積み重ねから生じた医学的知識とは違い，専門家として確立した医師が生み出した知識と，医師によって実践されていた治療を庶民がどこまで利用していたかという相互作用に焦点をおいている．こうした俗医学を実践していた庶民は，「いつ」「どこで」，そしてどのように医学情報を得ていたのだろうか．この課題も含みながら，史料をもとに具体的な考察をはじめることにしよう．

2　治験集と在村医・七山純道

　近世の日本では驚くべき数の医学書が世にあらわれ活版と写本の両方で出回っていた．そのなかには医療の事例をまとめた治験集，処方書，医学論文，辞書，解説，古典の注釈などが含まれる．ここで注目されるのは出版物の流通が拡大し，さらにそれらの内容は筆写の連鎖によって医療情報が社会に広まっていたことである．国文学研究資料館の日本古典籍総合目録データベースに「医」を入れて検索すると，1万6千点以上の膨大な該当件数が出てくる（2018年11月現在）．医学関連の古典籍が現代に伝来して保存されていることに感心するとともに，いかに多くの医学書が流通していたのかが容易に想像できる．しかし，この大部分は庶民には手に入れることができなかった書物であった．筆者はここ数年間，現在の秋田県湯沢市に所在する村に住んでいた七山純道という医師の研究をしてお

り，とくに彼が活動していた 1820（文政 3）年から 1850（嘉永 3）年の 30 年間にわたる動きを史料によって調査してきた．これまで確認できたなかで特筆すべきは，七山がかなりの医学書を所蔵する熱心な蔵書家だったことで，現存するだけでも 61 冊の書物が残っている．ただし，このうちの 50 冊は誰かが原書から書き写した写本で，七山自身の手書きも 13 冊ある．つまり，医学実践者である七山ですら医学書は高価で，珍しいものは特に容易に購入することができなかったのである（Burns 2008）．

　数多く世の中にあふれている高価な医学書は，すべての医療従事者に届けられたわけではなく，時と場合により医師たちのネットワークに影響力をもちえなかった可能性もあるだろう．しかし，患者がその内容を理解するという観点から考察すると，専門家を中心に流布していた医学書から，めぐりめぐって患者が自らの容態をどう受け止めていたのかを垣間見ることはできないものだろうか．本章では，この質問にこだわり続け，医師が著した多くの治験集の分析を始めてみたい．

　治験集とは江戸時代に最も多く普及していた医学書のひとつの種類で，医師が患者を診療したときの記録（治験録）をまとめた書籍である．20 世紀に刊行された『近世治験選集』（全 13 巻）ですら到底すべてを収録できないほどの膨大な量があったと考えられる（安井 1985-86）．なぜ治験集が出版されたのかと言えば，医師が自身の手腕と知識の高さを証明するためであるとともに，経験の共有という側面があった．ここで取り上げる『近世治験選集』に収載する事例は一定の形式で整理され，そのほとんどの場合は患者が不可解な症状を延々と医者に説明するなかで，見識ある医者が速やかに原因を突き止め，病気が進むまでの処方箋や投薬量を決めて薬を調合し，治癒するまで施術を行うといった具合に描かれている．

　湯沢近郊の村で医師をしていた七山純道は出版されていた治験集の例に倣い，自身の手掛けた事例を 2 冊にまとめて編纂した．これには，1824（文政 7）年から 1833（天保 4）年にかけて 200 人以上の患者を診療した様子が年代順に漢文で書かれている．本書には患者の身体に関する情報を中心に，詳細なものでは脈拍数，熱の高低，舌の色，排泄物の外見や臭気の特徴などが列挙してある．しかし，患者が何を考えていたのかという点になるとほとんど何もわからず，結局治験集の分析で俗医学の実態を把握することは無理である．ただ治験集の分析からはっ

きり言えることは，患者は受身で治療を受けていたわけではないということだ．せっかく聡明な医者が――といってもこの記録を書いた本人がその医者である――薬を処方しても治療を我慢できずにやめてしまった，あるいは強情な態度で次の医者に乗りかえ致命的な結果に終わったなど，医者の言うことを聞かない患者の姿がくっきりと浮かんでくる．つまり，医師の処置や指導に従順な患者がいる一方，「反抗的」な患者が存在して我意を述べたことが証明される．

3　近世日本の合薬製造と流通ネットワーク

　治験集が伝える患者の主張にはある程度限界があるが，俗医学に新しい洞察力をもたらしてくれる別のタイプの出版物がある．それは今までの医学史研究者が分析対象としてこなかったもので，18 世紀後半に合薬・売薬が日本各地で製造・販売されるにともなって登場する大量かつ廉価な出版物，具体的には引札・ちらし・薬包紙，そして効能書といった販売促進用のチラシ類である．これらは，粗く印刷された一枚物から，数枚が重ねられた冊子，そのなかには挿絵が入ったものや，高度なデザインをともなったものなどさまざまなパターンがある．現在までに伝来するチラシは，近世期において医薬品市場が日本各地の都市や村落を結びつけながら拡大を続け，社会のなかで大きな位置を占めていたことを裏づけている．

　医薬品市場に参加したのはいろいろな職業の人々で，彼らは合薬を製造することによって薬の取引に関与した．合薬は数種類の薬を調合して丸薬や散薬などの形がつくられ，商品名をもって流通する．このような経過から合薬は売薬とも称するので市販を目的に製造されるものとして，薬種屋で薬種（薬の材料）の販売のほかに必要に応じて行われた調剤とは区別される（松迫 1995）．たとえば，国学者本居宣長（1730 年生〜 1801 年没）のように医学を実践しながら自身の研究を続けた専門医は，正当な処方を自己流に解釈しながら新しい薬を売り出した．宣長は「家伝あめ薬」という調合薬を販売しており，自らが書いたと思われる効能書に「家伝あめ薬」は『傷寒論』や『金匱要略』などの有名な医学書に見られる「建中湯」という薬を改良したものだと紹介されている（大野・大久保 1973）．さらに，この薬は子どもたちや，病気で元気のない大人，食欲のない人

でも飴のように口に入れるだけで建中湯と同じ効能が得られると宣伝している．宣長は有名な小児科医の武川幸順を師としていたため，小児科が専門とみる向きもあるが，この「加味建中あめ薬」など子ども用の調合薬，目薬，痛風，癲病の妙薬など，取り扱った薬は多くの種類に及ぶ．これらの調合薬の一部もチラシを作成しているので，同様に販売を行っていたと考えられる．

摂津国の南刀根山村で医者をしていた上西隣庵は，1751（宝暦元）年に合薬屋を開業し，「翁丸（別名・はらはら薬）」を製造した．松迫寿代氏の分析ではもっぱら村内で翁丸を販売していたとあり，また1790（寛政2）年ごろには隣庵の息子半兵衛が大坂に出店（支店）を設置し，市中で行商をしたとある（松迫1995）．これも「医者兼合薬屋」の事例として重要だと考えているが，摂津国における合薬屋の事例では他家で製造している薬も販売しているので，必ず製造者と販売者が一致しているとも限らない．これに付け加えると，松迫氏は販売者が「多様な需要に対応するため」と記している．合薬屋は薬の購入者と向き合って商売をしているので，そのニーズに応えることは当然だったかもしれない．

宣長や隣庵のような専門医だけが薬の調合および販売をしていたわけではなく，1713（正徳3）年に発売されたとされる「喜谷実母散」は，江戸で薪炭業を営む喜谷市郎右衛門が始めたという由緒がある（喜谷1998）．こうした「云われ話」の多くは秘伝の典拠が定かではなく，市郎右衛門の場合も確認が必要になってくる．ただ少なくとも彼は，長崎の医者を訪問して秘伝の調合を手に入れるまで薪炭で生計を立てており，合薬を売っていた商人は必ずしも医学・薬学の知識を備えていたわけではないということがわかる．それに加えて，近世日本では越中国富山や大和国・近江国などの行商によって展開する配置売薬が顕著にみられる（池田1929）．とくに現在まで名高い富山の売薬は近世に行商圏を全国に広げ，そのほかの売薬も18世紀以降に定着していった．この売薬に関する有益な情報は，今井修平氏や松迫氏が手がけた研究のほか，最近では八木滋氏の史料紹介によって，大坂およびその周辺地域で合薬の生産と流通ネットワークが形成されたことが明らかにされ，18世紀後半には大規模な地域別の合薬の製造が始まっていた（今井1984，松迫1995，八木2013）．合薬に関心を持ってみていくと，「薬をつくっていた」点に関心を奪われがちだが，山中浩之が指摘するように合薬屋は庶民の医療に直接関与していた事実は重く受け止めるべきだろう（山中1994）．

4 俗医学の内実を追究する —— チラシの史料的価値 ——

　このような研究成果に学びながら筆者が注目する理由は，19世紀の初めに市販されていた合薬が新しい医薬文化の大きな部分を占めていたからである．1820（文政3）年刊行の『商人買物独案内
あきんどかいものひとりあんない
』や，1824（文政7）年に出版された『江戸買物独案内』などのいわゆる案内物（ガイドブック）をみれば，多彩な地方から送り出された市販薬が日本国中で販売されており，薬取引の賑わいぶりをいろいろと紹介している．またこれらの案内物は消費者に対する店や商品の宣伝広告という積極的な意味を有している（松迫 1995）．たとえば『商人買物独案内』には，大阪の 178 店，江戸の 206 店の薬種問屋など商店名が挙げられており，近江国で製造された「疝気一ぷく湯
せんき
」は江戸・仙台・信濃国上田の「売弘所
うりひろめ
（販売所・取次所）」を通して売られていた模様も描かれている．

　さらに合薬のチラシを調査していくと，もっと大きな流通ネットワークをもつ薬がほかにあったこともわかってきた．仙台からそう遠くない塩竈に住んでいた

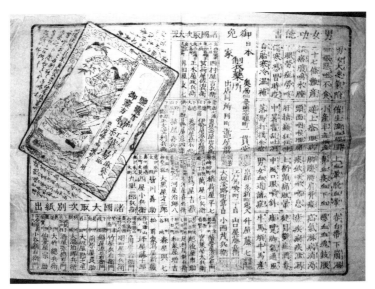

写真1　「蛮紅華湯（さふらんとう）」の引札
（宮城県利府町郷土資料館所蔵小野家文書 18-69-33）

賀川流の産科学を学んだ遊佐大蓁という医師は「蛮紅華湯」（写真 1）という薬を作った．伝統的な漢方・和薬学では知られていなかった薬草のサフランを遊佐は婦人病治療薬として用い──おそらく近世ヨーロッパの薬学にもとづく知識ではないかと思われるが──，この薬は絶大な人気を博した．遊佐は日本全国に卸売業者をもつ広範なネットワークを築き上げ，このチラシには江戸・大阪・京都に加え，蝦夷地の松前や備中国岡山を含む 41 カ所の「蛮紅華湯」を購入できる店が示されている．

　松迫氏による合薬流通ネットワークに関する研究で，地方の販売元は薬を売るためのマーケットを創り出すだけでなく，宣伝・金融信託を築くなどの責任もあったとする（松迫 1995）．薬を売るためのチラシ類が新たに出現してきた重要な背景として，こうした合薬市場の急速な成長，競争，新たな顧客集めなどがあったことには疑いない．本居宣長の例が示すように，薬の生産者とそれを分配する流通者は，薬を的確に紹介するうたい文句やデザインに細心の注意を払いながら効能パンフレットを作成しなければいけなかった．宣長は医師が医薬チラシの生産に深くかかわっていたことを示す良い例で，彼の作品には「家伝あめ薬」の効能を記した手書きのパンフレットもある．一方，こうした情報伝達は各地で製作する必要があったことから，村レベルで出版技術が普及したのである（富山売薬資料館 2000）．こうした技術やモノが流通ルートに沿って作られ広められたのは，新たな消費者を生み出すために薬の情報や知識を地方で繰り返し喧伝する必要が生じたからだ．

　市販薬のこうしたチラシ類は，英米の出版史専門の歴史研究者が呼ぶ「チープ・プリント（Cheap Print）」に相当する（Watt 1991, Fissell 2006）．この用語は 1980年代に現れた，エリート文化と民衆文化を二分し差異化しようとする試み，また出版物がこうした境界や差異を反映しているとする論説を問題視する観点から生まれた．近世日本のチープ・プリントにあたるチラシは多様で，そのうちのほとんどは無償で配布され，印刷部数が多く，社会のなかで受容されていった．つまり，こうしたチラシの配布は身分や職業，階層によって限られたものではなく，また，養生書や教育を目的とした往来物と呼ばれる書籍とも異なった存在である．もちろん，往来物も民間に医学の知識を広める大切な役割を果たしたのだが，そもそも往来物は安価ではなく──貸本屋を通して流通した場合は価格の軽減が可

能だったが——，何よりも往来物は自主的な啓発や倫理教育を目指す独特な読者層を想定していた．それとは違い，薬のチラシに接した人々は，おそらく偶然壁に貼られたものを見た，道端でチラシを受け取った，服用薬を買ってたまたま薬を包んでいた効能書を目にしたなど，必ずしも医学の知識を求めていたわけではないが，偶発的に医学の知識を手にしていたのだ．分厚く高価な医学の専門書ではなく，手軽に目を通すことができる刷り物から確実に重要な情報を得ていたことになる．

5 医療の選択肢を与えた俗医学

　現在，早稲田大学古典籍総合データベースで公開されている西垣文庫，内藤記念くすり博物館，国際日本文化研究センター宗田一文庫など，アメリカでもカリフォルニア大学サンフランシスコ校などにこうしたチラシ類の重要な蔵書がある．しかし注目すべきは，日本各地の文書館に保存された出版物である．筆者は以前，埼玉県立文書館で調査をしていた際，地元の文書群のなかにいくつかの大きな医療関係の刷物コレクションを発見した．一例を挙げると，武蔵国横見郡久保田村（現・埼玉県比企郡吉見町）で名主をしていた新井家の9代目当主・新井応興は，19世紀の前半に産科医になり，栄訓という名で活躍した（埼玉県立文書館「新井（佻）家文書」参照）．合薬の販売にかかわるようになり，安産を約束した「安養湯」という薬，それから「牛黄抱龍丸」という解熱剤も製造した．栄訓は，自分が作った薬の引札を作成する一方，生涯で318部にものぼる大量な薬のチラシを集めていた（針谷 2013）．

　もちろん，この栄訓の収集した点数は目を見張るもので，彼がいかに深く医学にかかわっていたかを示すものである．しかし，ほかにも彼のように薬のチラシを収集した人はたくさんいた．武蔵国埼玉郡小浜村（現・埼玉県加須市）の名主・田部井家には，医薬品販売にかかわっていた証拠は何一つないが，19世紀初めの文書に少なくとも15点が含まれており，そのうちのほとんどが効能書であるチラシであった．武蔵国比企郡毛塚村（現・埼玉県東松山市）の村役人だった坂本家も，合薬販売に従事しており，坂本家の文書には多少の重複を含めて22点に及ぶ表題の違うチラシ類がある．そして，同じく武蔵国入間郡石井村（現・埼

玉県坂戸市）の神職・井上家の蔵書にも市販薬のチラシ類 10 部が見つかっている（以上の 3 家については埼玉県立文書館所蔵文書参照）．

　なぜ人々はこの軽微な効能書を捨てずに持っていたのだろうか．そして，持っていた以上，どのようにこれらを利用したのだろうか．こうした質問に答えるには，まだまだ調査が必要だが，一つ注目すべきことは，チラシ類の作者が一様にして，効能書を正当な医学の知識とみなし大切に保存するよう呼びかけていた点である．江戸の薬屋・盛林堂が出版した「三方婦応散」（早稲田大学古典籍総合データベース・西垣文庫）という，女性のために処方された粉薬（三方＝「経常」「産前」「産後」）の効能書は，当時最もよく出回っていた合薬の一つで「産前産後血病一切」の病気を治すといううたい文句で広く流通していた．しかし，宣伝文句とは対照的に，「三方婦応散」の効能書には産前，産後，月経中の病気はそれぞれ違う原因があり症状も違うので，治療もそれに合わせて行わなければいけないと繰り返し，3 つの違う時期のための薬ということでこの薬の名前は「三方」，3 つの処方という意味だと論じている．しかも，中条流という出産と中絶を専門とする流派の医者に習った秘伝に言及することにより，薬の効能を証明しようとする作者の試みもうかがわれる．実際，中条流系の医学を実践した医師たちは，「月水早流」のように 2 回服用すると治るという速やかな回復を約束したさまざまな女性用の薬を製造した．「三方婦応散」は産科の薬で，効能書には「ヤブ医者からの診断忠告に騙されないよう」忠告を述べ，本書を大切な医者と思って保管するよう記されているのである．

　こうした教示や説明，種々の医学情報はほかのチラシにも見られる．上野国勢多郡川原浜村（現・群馬県前橋市）に住む橘春庵なる人物が作った「清血円」という薬の引札（写真 2：国際日本文化研究センター宗田一文庫データベース所収）はとりわけ興味深いものがある．写真 2 によると，悪血を清血に変えることで癩病（ハンセン病）を治せると書かれており，悪血は妊娠中に母親から譲り受けるか，食毒から悪血が生まれ，これが癩病の原因となると説明されている．そして，この説明文の言葉遣いや概念は，18 世紀後半に現れた癩病の専門的医学書に使われた用語と驚くほど酷似している．つまり，一生治ることのない業病や罰病とされ，これまで「風」の病と漢方系医学書で分類されていた癩病が，この時期新たに江戸の医師たちにより血液の病気とみなされ，これにともない「悪血」とい

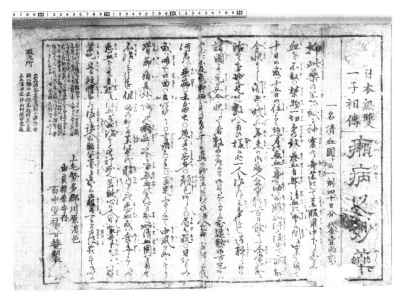

写真2　癩病妙薬「清血円」の引札

う用語が頻繁に使われるようになっていた．この引札に現れた情報もこの医学化の経緯と重なるものである．医師のなかには，毒気は特有の職場から発する空気，あるいは房事過多や汚れた血によるもの，あるいは，最も重要な理論の一つとして食習慣を挙げる者もいた．これによると，肉，鶏肉，脂身の多いマグロやクジラなどの魚を食べることにより，体内で「毒熱」を生まれ，それが血液を汚し悪血に至ると論じた（鈴木 2007，Burns 2019）．

　この引札に関してもう一つ宣伝文句を述べると，「清血円」を服用すると血を取らずとも治療することができるとある．癩病の治療には，数種を調合した合薬を用いることが多かったが，そのほかには一番効果的な治療として，悪血を機械的に取り除くことを主張する医師もいた．この手法を推進した代表的存在は，梅毒や癩病の治療に尽力し，1786（天明 6）年に『黴癩新書』（早稲田大学古典籍総合データベース所収）を著した片倉鶴陵である．片倉は，皮膚の下に潜んでいる悪血をどのようにして見つけ，その悪血を熱した槍で取り除くことを詳細に記した．その目的は，ただ悪血を抜き取るだけでなく，血液が浄化された証として

汗や膿をともなった感染の誘発を防ぐという．しかし，この「清血円」の引札を作った橘春庵は，癩病を治すのに，恐ろしく危険で多くの痛みをともなう治療をしなくても可能だと唱え，食事制限すら必要でないと主張した．この引札には，病気の原因に関する新しい理論や治療の仕方を取り入れて伝達するだけでなく，奇抜で医師の間で人気がある治療法も避けるべきとする助言まで書かれていたのだ．薬で治るとする橘春庵か，新しい外科的な発想を示す片倉鶴陵か，どちらを選ぶのかは時と場合によるかと察するが，病魔とたたかう患者側には2つの選択肢が提示されることになる．つまり，医薬を宣伝するチラシが「先端的な医術」と競合する素地ができてくる．

　さらにもうひとつの事例として，大坂在住の医師・賀川秀平が製造した2つの薬「産前あたためくすり」と「産後ちおさめくすり」（写真3：いずれも国際日本文化研究センター宗田一文庫データベース）の効能書を紹介しよう．名前からもわかるように，この医師は18世紀後半に名を高めていた賀川流産科の流れをくみ，彼らは始祖賀川玄悦が生み出した回生術という秘伝を用いることに

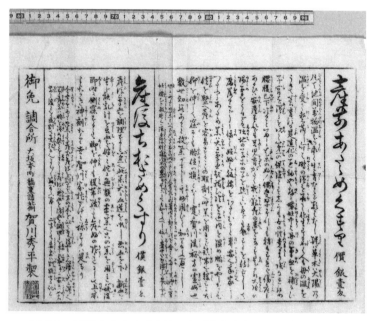

写真3　「産前あたためくすり」と「産後ちおさめくすり」引札

より，難産で命を落としかけた母体を救う産科医としての地位を確立した（落合 1989）．それまでの手法ではほとんどの場合，胎児を犠牲にしつつ母体にも致命的な結果をもたらしたが，賀川流の鉄製の鉗子を用いて妊婦から胎児を取り出す救命法は，分娩で命を落としかけた多くの女性を救い近世日本の産科学に革命をもたらした．19 世紀には日本全国のほとんどの医者が実践する産科術となり，先述した七山純道や新井栄訓もこの賀川流の門下生だった．

　賀川秀平が正式に賀川流に属していたかどうかは不明だが，「賀川」の名声を利用した可能性は十分ありえる．彼の効能書は，『女訓書』や漢方医学の代表的な医学書など最新の理論に依拠しながら受胎・妊娠・分娩について説明し，時には香月牛山の『婦人寿草』(1726 (享保 11) 年刊)、稲生恒軒の『いなご草』(1690 (元禄 3) 年刊) といった伝統的医学に言及し，生殖は自然な肉体変化の過程であるのみならず，宇宙生成過程の一部だとして，「造花の至妙」やほかにも儒学の自然論を思い出させる言葉で生殖を語っている（Burns 2002）．同時に，漢方が主張した「冷たい子宮」が受胎を妨げ，流産や死産に至るという概念——これらは有名な婦人病の処方箋をまとめた，中国南宋時代の陳自明『婦人大全良方』(1237 年刊) にあらわれている——もみられる（Furth 1999）．さらに賀川秀平が注目したのは，18 世紀後半における賀川流の産科医学と，賀川流を支持する批評家たちの意見だった．つまり，伝統的医学の香月牛山や稲生恒軒とは違い，賀川流は妊娠と出産は肉体の変化過程であり，世俗・俗習的な手法は無駄で危険だと強く批判している．とくに，妊娠 5 カ月目からお腹を幅広い布で巻き締めつける腹帯の習慣や，産後 1 週間以上睡眠時に体の動きを大いに制限する「産椅」という背筋を伸ばして座らなければいけなかった習慣は激しい批判の的だった．効能書には，賀川秀平が調合したこの薬を飲むことで，賀川流が否定しようとしてきた悪習をやめることができると書かれていた．

6　チラシから近世社会を考える

　近世日本における医療を考えるうえで，これまで意識されていなかった俗医学の内実をチラシの効能書から読み解く作業を行ってきた．医学の歴史的分析には，専門的な医学書や時代ごとの先端医療を実践していた優秀な医師・学者たちの活

動を考察するのが王道だという研究者も数多くいるだろう.

　実際のところ,賀川秀平が痛みに悩む女性を助けてあげようとしていたのか,それとも消費者の不安を煽り金儲けの機会を狙っていたのか,という背景を読み解くのは大変難しい.またこのようなチラシをみた人々がそこに記載された情報を正確に理解できたのかどうかも我々にはわからない.しかし,さきほどの癩病をめぐる服薬と外科的医療という選択が成立したことと同様に合薬を買うか,医者に行くかという2つの道筋をつくったことにはなるだろう.先端科学研究の学者たちが述べる「知の移動」という複雑な過程,言い換えれば社会の一部で生まれた新たなアイデアが違う分野に動き,そこで新たに正当な学問として生まれてくる過程を近世日本のチラシ類が示唆しているのではないだろうか.合薬を製造した人々は,もちろん商品販売の促進を期待していたが,そのためには専門的な医学書から考え方,概念,専門用語をうまく取り出してひとつの治療法を編み出し,より良い対処を知ろうとする消費者(患者)を想定しつつ,チラシを「価値のある情報」として発信しなければならなかった.しかも消費者がチラシ類を大切に保存していたことからも,製作者の情報が的を射ていて説得力があったことが読み取れる.

　簡単に結論をまとめてみると,「proto-national(ナショナルの原型)の文化」を考える際に,歴史研究者が朱子学の普及など思想的な知的言説や文化的実践に焦点を当てることが多い.しかし筆者はここ数年,商業の言説と実践は経済史の専門家ではない歴史学者にとって,未知で可能性に満ちた分野であると提案し続けてきた.そのように考えたのは,商品が店から家にそしてそこからまた次へ時空間を駆け巡るとき,薬と薬を包んでいたチラシがそこにある有効な情報が――それがどんなに限られた予算と識字能力で作られていたとしても――商品とともに縦横無尽に動き回る.たしかに,現在でも医薬品は新たな市場を開拓するためにいかなる方法を使ってでも必要な情報を伝播するという独特な特徴があり,そのために大量のチラシが存在する.その他の商品がこれと同じような状態にあったかどうかは今後検証の余地があるだろう.しかし,物質的環境やその過程が知識と情報の動きにどう連関したかを検討するのは大切なことであり,その際,ここで分析したチラシのような貴重な史料が大きな助けになってくれる.

付記

本稿編集中に新村 拓『売約と受診の社会史——健康の自己管理社会を生きる——』（法政大学出版局，2018 年）の刊行を知った．医療史研究における貴重な成果であり，本章の内容とも深くかかわる好著ながら，含めることができなかった．今後の課題としたい．

文献一覧

池田松五郎
  1929『日本薬業史』，京都：薬業時論社．

今井修平
  1984「近世後期における在方薬種業の展開——平野組薬種屋・合薬屋仲間を中心に——」，梅渓昇教授退官記念論文集刊行会編『日本近代の成立と展開』（京都：思文閣出版）：275-296 頁．

大野 晋・大久保正校訂
  1973『本居宣長全集』第 19 巻，東京：筑摩書房．

長田直子
  2007「江戸近郊農村における医療：18 世紀多摩地域の医療を中心として」，『関東近世史研究』62-7：45-77 頁

落合恵美子
  1989『近代家族とフェミニズム』，東京：勁草書房．

喜谷喜徳
  1998「喜谷実母散・創業の歴史」，日本薬史学会『薬史学雑誌』33-1：78-85 頁．

鈴木則子
  2007「江戸時代の医学と「癩」」，『リベラシオン』125：123-137 頁．

塚本 学
  1982「18 世紀後半の松本領上野組と医療——組をこえる地域社会」，信州大学人文学部編『松本平とその周辺地域における社会結合の諸形態とその変動』（松本：信州大学人文学部）：1-26 頁．

富山民俗民芸村売薬資料館編
  2000『売薬の印刷文化展』，富山：富山売薬資料館．

中島医家資料館・中島文書研究会編
  2015『備前岡山の在村医　中島家の歴史』，京都：思文閣出版．

針谷浩一
  2013「久保田村新井家の縁のある俳人たち——その二——：和詩の名手　新井松者（休太夫応興）」，『埼玉県立文書館紀要』26：39-52 頁．

細野健太郎
  2007「18 世紀における村社会と医療」，『関東近世史研究』62-7：33-53 頁．

町泉寿郎
  1999「医学館の学問形成（一）：医学館成立前後」，『日本医史学雑誌』45-3：339-372 頁．
  2013「江戸医学館における臨床教育」，『日本医史学雑誌』59-1：17-33 頁．

松迫寿代
  1995「近世中期における合薬流通：商品流通の一例として」，『待兼山論叢』29：1-25 頁．

八木 滋
  2013「近世大坂の合薬屋に関する新史料」，『大阪歴史博物館研究紀要』11：89-103 頁．

安井廣迪編
  1985-1986『近世漢方治験選集』（1 ～ 13 巻），東京：名著出版．

山中浩之
　1994 「在郷町における医家と医療の問題」, 中部よし子編『大坂と周辺諸都市の研究』(大阪: 清文堂出版).
Burns, Susan L.
　2002 The Body as Text: Confucianism, Reproduction, and Gender in Early Modern Japan. In *Rethinking Confucianism: Past and Present in China, Japan, Korea, and Vietnam*, ed. Benjamin A. Elman, John B. Duncan, Herman Ooms. Los Angeles: University of California Los Angeles, UCLA Asia Pacific Monograph Series.
　2008 Nanayama Jundō at Work: A Village Doctor and Medical Knowledge in Early Modern Japan, *East Asian Science Medicine Technology*, vol.29：62-83
　2019 *Kingdom of the Sick: A History of Leprosy and Japan*. Honolulu: University of Hawaii Press.
Fissell, Mary E.
　2006 *Vernacular Bodies: The Politics of Reproduction in Early Modern England*. Oxford: Oxford University Press.
Furth, Charlotte
　1999 *A Flourishing Yin: Gender in China's Medical History, 960-1665*. Orlando : University of California Press.
Jannetta, Ann
　2007 *The Vaccinators: Smallpox, Medical Knowledge, and the "Opening" of Japan*. Stanford: Stanford University Press.
Watt, Tessa
　1991 *Cheap Print and Popular Piety, 1550-1640*. Cambridge: Cambridge University Press.

第3章　天草諸島の人口増大と産業の形成

荒武 賢一朗

Aratake Kenichiro

1　天草諸島の地域的特質

　近世日本における村落社会の営みと人々の生活を明らかにするのが本章の目的であり，とくに庶民の実態を考察するため，肥後国天草諸島（現・熊本県）の事例を取り上げ，その様相を明らかにしていきたい．具体的な目標として掲げるのは，地域史料にもとづきこれまで江戸時代の天草を特徴づけてきた「過剰な人口増大」について再考すること，それと関連して当地における生業および産業の形成を明らかにしていくことである．この内容から当時の日本列島をみるひとつの視角を提示したい．

　研究の対象となる天草諸島について概要を紹介しておこう．天草諸島は，九州西岸に浮かぶ大小 120 余りの島々から近世には肥後国天草郡を構成していた．東シナ海に面する地理的特質によって往古から海外との交流が盛んで，近世には対外貿易の拠点であった長崎と，同じ肥後国に属する熊本に近接した地域である．近世の天草といえば，1637（寛永 14）年から翌年にかけての「天草・島原の乱」が注目を集めるが，その後は一時期を除いて基本的には幕府直轄地としての支配体制が明治維新まで続く．現在は，1966（昭和 41）年に開通した天草五橋によって，大矢野島・天草上島・下島などの中央部は九州の宇土半島とつながり，「平成の大合併」で天草市・上天草市・苓北町の 2 市 1 町が自治体として機能する．

　天草諸島の近世史は，戦国時代以降のキリシタン文化，天草・島原の乱など日

本史全体にかかわる研究のほか，当地に伝来した大庄屋・庄屋，さらに商人の史料を分析した数多くの成果がある．本章では，村落社会と産業を主題として論を進めていくが，これについても村落ごとの個別の情報も豊富である．その一方で，地域を牽引する大庄屋，もしくは村々から領主（おもに幕府代官所）に出される願書や，それを受けて領民へ触れ出される幕府の政策・通達にあらわれる「困窮する百姓」「過剰な人口」という文言から，厳しい生活に直面してきた天草の百姓たちが印象づけられてきた．その通説的理解に変化を与えたのは，渡辺尚志をはじめとする研究者たちが取り組んだ『近世地域社会論』である（渡辺 1999）．この共同研究では，近世後期における幕府領の大庄屋や村落の実態を明らかにして，天草の地域的特質や，それにかかわった人々のありようを詳細に考察している．

　その論文集に参加した平野哲也は，自身の実証分析からまとめた結論として近世天草の作業は耕地のみに依存せず，山野河海の諸資源を巧みに活用し，それらを使った商業的展開がみられること，そして島民たちが手がける生業は多種多様であったことを述べている（平野 1999）．天草の歴史研究における平野の成果は，先行研究が主張した通説を克服し，文書の内容から村落および百姓たちの実像を明らかにしたところが大きい．また，天草の村落について，天草郡高浜村（現・熊本県天草市）を詳しく検討した東 昇の成果を含め，良質な先行研究を引用しながら人々の生活史を述べていきたい（東 2004）．

2　近世天草の村落社会

　天草諸島の社会を問い直す際，最も重要な課題は人口である．通説で縷々述べられてきたように天草は耕地に比べて過剰な人口増大が認められ，人々は困難な生活へ陥ったという「物語」が定番化してきた．ここでは人口が大きく増えたことは事実であると同時に，なぜ「貧しい島」は「過剰な人口」を賄うことができたのか，という背景に注目したい．

　歴史人口学の認識では，「近世日本の文明システムは，市場経済化が進んだ農業社会」であり，「経済成長とともに，人口も大きく増加したと推定される」といわれてきた（速水ほか 2001）．この日本列島全体の論理を天草諸島の歴史的変

化にあてはめると，人口増大を支える地域の経済基盤があってこそ社会が成り立っていたことに行き着くだろう．しかしながら，「過剰人口の天草」という意識が強く打ち出されてきたのは，村々から出されている願書の文面に引きずられてきた感がある．たとえば，天草郡大矢野組（現・上天草市）の大庄屋を務めていた吉田家の史料で代官所へ提出した願書の写しから以下のような「説明」が頻出している（荒武 2012）．

　1867（慶応 3）年正月，天草郡を幕府領から切り離すという風説が出た際，全島の大庄屋・庄屋連名で幕府代官支配の継続を願い出た文書には，天草郡は西海の離島で田畑は少なくて生産力は低く，人口が多いため食料は払底するなどもともと困窮の島である，と冒頭で述べる．このような説明は，近世前期から支配役所に対する願書に必ずと言ってよいほど登場する枕詞であり，実態の如何にかかわらず長期にわたって使われ続けた常套句だった．これを克服するため，天草は人口が多い，食料が不足する，という主張の真偽に迫っていきたい．

　近世天草の人口増減について，現在判明する数字は表 1 に示した通りである．これによって人口の動きをまとめてみると，天草・島原の乱で多くの犠牲者を出し，おびただしい人口激減を経験した当地はわずか 5000 人程度に落ち込んだ．しかし，15 年ほど経過した 1659（万治 2）年には 3 倍強の復調を示し，徐々に人口増の推移をみせていく．18 世紀末の 1794（寛政 6）年には 10 万人を突破し，以後 12 万人から 16 万人のなかで動き，20 世紀前半には 20 万人に到達する．

　天草の人口問題に関する先駆的研究を手掛けた檜垣元吉は，上記のように戦乱による人口激減からの回復，そして急増による「過剰人口」の存在を問題として取り上げ，その原因を次のように説明する（檜垣 1952）．まず急増に至った背景には間引きの慣習がないことを挙げ，これは天草・島原の乱後に広まった仏教による慈悲の教えから説いたものとされ，人口爆発の主たる理由に位置づけられる．次いで檜垣が述べるのは多様な生業形態で，農業のほかに山稼ぎ・漁業・俵物生産の充実があり，補完的には段々畑などに展開した甘藷作，沿岸部におけるイワシなどの豊富な海産物を得た住民たちの安定した食生活を指摘した．また，天草の住民たちで生活に不自由する人々は，九州各地へ出稼ぎに行くという話も浮上する．

40

表 1　　近世天草郡の人口と石高

年　次	人口 (単位：人)	石高 (単位：石)	備　考
寛永 15 年（1638）			天草・島原の乱
寛永 20 年（1643）	-5000		「天草郡記録」による推定
万治 2 年（1659）	16,000	21,000	
貞享 2 年（1684）	31,000		
元禄 4 年（1691）	34,357		
正徳元年（1711）	52,785		
享保 3 年（1717）	65,000		
享保 5 年（1719）		21,646	
享保 6 年（1720）	65,000		
享保 10 年（1725）		21,000	
延享 3 年（1746）	74,657	21,286	
宝暦 11 年（1761）	89,982	25,093	
寛政 6 年（1794）	112,298		
文化元年（1804）	140,446		
文化 2 年（1805）	122,298		
文化 3 年（1806）	123,829		
文化 7 年（1810）	128,244		
文化 14 年（1817）	132,205		
文政 9 年（1826）	142,782		
文政 10 年（1827）	139,041	23,573	
文政 12 年（1829）	141,588		
天保 3 年（1832）	143,041		
天保 9 年（1838）	138,241		
万延元年（1860）		24,924	
慶応 4 年（1868）	156,168		
明治 18 年（1885）	168,221		同時期に九州島諸郡へ移住
明治 42 年（1909）	193,498		同時期に海外移民多数あり
大正 13 年（1924）	195,344		

出典）檜垣元吉「近世天草の人口問題とその背景」，野田敏行「天草に於ける百姓一揆について」
（一）〜（五）（『天草史談』第 11 〜 16 号，1936 〜 37 年），松田唯夫編『天草近代年譜』より引用.

　増え続ける人口に対して，島内経済の基盤となる生産力を示した石高はどうだ
ろうか．近世天草の特徴では，石高も新田開発（海面干拓）の実施で相当の増加
が示されていた（渡辺 1999）．先述した大矢野組大庄屋・吉田家文書にも 17 世
紀後半に幕府代官から新田開発を積極的に進めるよう命令があり，数年間の「無
高にて作取（年貢上納なし）」を経て，幕府から検地を受けて「御高請け（年貢
高の決定）」になっていく様子が書かれている（荒武 2012）．渡辺尚志の視点に

第 3 章　天草諸島の人口増大と産業の形成　41

ならえば，幕府によって実施される検地は総じて緩やかなものであり，標準収穫量となった石盛も実際より低めに設定された．また，年貢徴収を免れるために支配役所に無届けの隠田も近世後期にかけて増加傾向にあり，表面的な生産予想高をはるかに上回る実収があった可能性も示唆できる．このような検地による「生産見込高」と実際の収穫が大きく異なった背景には，幕府の地方支配にかける人員配置の乏しさや地域社会の運営を大庄屋および庄屋など在地有力者たちに委ねていたことが挙げられる．さらに地理的な条件をふまえると，天草諸島における総面積のおよそ 7 割は林野で，灌漑用水の不足や海面干拓地の排水不良などを支配役所は考慮に含み，「甘めの年貢」を設定したとも評される．これら先行研究が指摘してきた史実は本稿を展開するためには重要で，たしかに人口増大が顕在化しており，またそれを支える農作物や水産資源の入手が比較的容易であったことも推測できよう．

　人口と食糧の関係を詳しくみる必要があるが，そのひとつには飢饉の影響を考えるべきであろう．18 世紀前半に西南日本を襲った享保の飢饉では，多くの餓死者および食糧調達に悩む人々が存在した．実際，当時の天草はどのような状況だったのであろうか．過剰な人口が飢饉に直面した場合，問われるのはその潜在的な「生活力」である．1729（享保 14）年，天草諸島では「（筆者注・天草）郡中大飢饉，餓死者四百余人」という記録がのこる（松田 1947）．つまり，享保の飢饉時に同島で多数の犠牲者があったことを示唆するものだ．その一方で数年を経過した 1733（享保 18）年には次のような状況を示す文書がある．

　当時，天草諸島の 預 所 支配をしていた肥前国島原城主・松平忠雄および家中の歴史をまとめた「深溝世紀」（島原図書館松平文庫所蔵）によれば，「享保 18 年 10 月 11 日，西南諸道餓死者 16 万 9900 人，我が島原および天草 1 人の餓死なく，天 下 之 を称ふといふ」と綴る．飢饉にあえぐ西日本各地では約 17 万人の餓死者を数えたにもかかわらず，松平家の領内である島原および天草には 1 人も犠牲者を出さず，これは誇るべきことだという．享保の飢饉自体，天草の庶民たちにある程度の実害があったことは言うまでもない．しかしながら，享保 18 年の記録が伝える内容を考慮するならば，未曾有の飢饉にも対処できる生活力を天草島内で醸成した可能性も指摘できる．

3 島を離れない百姓たち —— 人口増大と生産力 ——

　これまで天草諸島の過剰人口について説明をしてきたが，すでに指摘があるように九州各地への出稼ぎなど，生活の存立を意識した島外との関係は注目できる．たとえば成人男性は，自身の生業では家族を養うことができないとすれば，島外に働き口の活路を見出し，そこで得た収入を家計の一助にするという具合に，「外貨」獲得による「定住安定」を行っていたことは容易に想像できる．ただし，檜垣元吉がすでに指摘しているように「天草から他領に人口を送り出すことを欲しなかった」のは事実でありながら，これまで明確な理由や背景は追究されてこなかった（檜垣 1952）．その点を明らかにするべく，さまざまな角度から「島を離れない百姓たち」の実像に迫ってみたい．最初に，自ら住み暮らす村や町を離れたくない庶民の心情は察するところだが，過剰人口を問題にしている領主側はどのような意識をもっていたのか．

　1790（寛政 2）年 3 月，その前年から当地において実情を知るための調査を行ってきた幕府勘定所は，天草の過剰人口問題に対するひとつの打開策を示す（松田 1947）．同年 5 月に島内の大庄屋たちがやりとりをした記録には，以下のような内容が理解できる（本渡市 1995：90 ～ 91 頁）．幕府勘定所から発信された文書を天草の大庄屋が入手したところによると，勘定所役人の稲生平左衛門は「天草郡については少ない耕作地に対して人口が多いという場所だと兼ねてから聞いている」とし，その一方で「関東地方は人手不足で荒地などもたくさんある」ので，その解決策を模索していた．日本列島全体を統括する幕府にとって，この 2 点の課題——不均衡な 2 つの地域を解決に導く——を正常化するには，過剰と判断する天草居住民を関東へ移住させるという一石二鳥の得策は魅力あるものだった．

　天草は公式に書き上げられる生産高に比して人口が異常に多いという理由をこの文書では次のように説明している．当地では感染症として脅威であった疱瘡（天然痘）を嫌い，これまでは島外への出稼ぎなどに行く者がなかった．例外的に近距離である長崎へは男女ともに古くから仕事に出掛けるものはあったが，その他の地域には出向かなかったという．稲生は，これが天草の人口が増え続ける理由のひとつだと述べている．実際，長崎奉公や肥後（熊本）奉公は島民の間で意識

されてはいたが，あくまでも季節労働で恒常的かつ長期にわたる仕事ではなかった．流行する病気にはどこの地域でも警戒していたわけだが，この島外との関係をあまり好まないという住民の気風があったとの理解は注目すべきであろう．この状況を受けて稲生が語るのは，もし天草から引っ越しを望む者があれば引越代金，当面の食料，新天地で使う農具を与えるといった条件であった．近世後期に財政困難に陥っていた幕府にとっては大盤振る舞いとも受け取れる提案だが，それほどまでに天草の庶民たちに好条件を示し，人口密度の緩和を進めたいという思惑が強くにじみ出ている．

　幕府がもちかけた関東移住計画は，当時天草郡の預所支配をしていた島原藩の江戸屋敷役人・川口長兵衛を介して天草の大庄屋たちに伝えられ，村々の意向をまとめて上申するよう指示がなされた．ただし，この後の動きから関東移住に関する情報は得られないため，稲生の提案した計画は天草の島民から支持されず，実現しなかったものと思われる．先述の表 1 に依拠すると，1761（宝暦 11）年から関東移住計画が出た直後の 1794（寛政 6）年の間に全島人口は 2 万 8 千人の増加が確認でき，幕府の提案は実態を鑑みた結果といえよう．その他の文書でも，地域住民たちが島外への移動に難色を示す動機として疱瘡の危険性を表面的に述べているが，要するに住みやすい島の居住環境を手放したくないとするのが本音ではないだろうか．幕府からは人口密度が高くて生活に困る人々と認識されていたが，当地で暮らす人々の現実とは乖離が生じていたと考えてよいだろう．

　それでは，実際に人々の生活を支える農業はどのような状態であったのか．天草諸島の中央部に位置する町山口村（現・天草市本渡町）は 1691（元禄 4）年に村高（村落全体の生産見込高）616 石余り，家数は 99 軒，人口は 886 人という大きな村落を形成していた（本渡市 1991）．18 世紀中期になると，水利など農業土木施設の整備が進み，耕地の 80％以上を占める田地では稲作を，残りの畑地では大麦・小麦・唐芋（サツマイモ）・蕎麦・きび・粟のほか，商品作物となる木綿・たばこ・大豆・大根などが栽培されている．また，特筆すべきは百姓が所有する山林が 204 カ所に及び，そこから材木や薪が産出されて村内および周辺の地域経済を支えていたのである．農作物の多様性とともに，山林資源の利用が大きな存在であったことが，人々を「村に惹き付ける」理由であったともいえよう．

　町山口村からほど近い下浦村（現・天草市下浦町）は，農業の盛んなところで

幕府の検地による村高や田畑の面積をみても，農地の規模が拡大していたことがわかる（本渡市 1991）．17 世紀中葉の 1659（万治 2）年に行われた検地では村高 64 石余り，反別（田畑の面積）約 10 町歩だったが，1704（元禄 17）年には 92 石余り，14 町 5 反歩と 1．5 倍の伸びを示していた．これは複雑に入り組んだ地形を利用して，海面干拓が実施されていたことによる．詳しくは不明であるが，1676（延宝 4）年に筑後国柳川（現・福岡県柳川市）から堺重兵衛なる人物が同村に移住して新田開発を行ったという事例もある．さらに，天保年間（1830 〜 44 年）になると村高約 158 石，明治維新期には約 164 石という具合に開発の進捗が公式の数値でも看取できる．

　下浦村における農業生産の内訳では 1704 年の場合，全体の 85％が田地であり，主に稲作が行われつつ裏作で麦が栽培されていた．畑地でも麦作が全体を覆いながら，木綿・粟・芋（サトイモ）・蕎麦なども収穫している．このような多種の農作物ができているのは平地のみならず，中山間地区も含み，「（筆者注・17 世紀末期の）天草全島的にみて，その後の郷土風景を象徴した段々畑の開墾が始まる．下浦村でも切畑野畑 4 反 5 畝歩に野菜や大根・蕎麦などを作る．過剰人口に追われて始まったカライモ栽培の導入普及により，段々畑の開発は以後急速に進む」という評価に落ち着いている（本渡市 1991）．また，1833（天保 4）年の記録に下浦村の家数は 368 軒，人口 2800 名余りとあり，近世の村落では大きな規模を誇ったが，一村で多人数が生活していくための農業生産の多様性は 17 世紀段階で確立しつつあったといえる．

　人口増大を支える作物にはサツマイモ（甘藷）の存在が不可欠であり，日本列島全体では 18 世紀初頭から生産地の拡大がおこり，飢饉対策の救荒作物としても各地で栽培が広がった．天草でも享保年間（1716 〜 36 年）からしだいに生産が上昇していたが，1818（文政元）年以降は本田畑における甘藷作制限令が発布されている．つまり，田畑で本来栽培すべき米・麦などに代わり甘藷作を積極的に行う農家が増え，食糧自給に支障をきたしたことから生産の抑制を指示した．これは，サツマイモ生産を自給食料として位置づけていたのではなく，商品として販売を目的にした動きを牽制するものであった．

　天草の農民たちが積極的な甘藷栽培に意欲をみせていた様子は，1833 年 12 月に出された富岡役所（幕府代官所）からの通達で示されている（本渡市 1999：

192 〜 193 頁）．これによれば，本来米・麦を作付けすべき田畑に甘蔗（甘藷）を植え付けないよう役所からたびたび文書を出しているが，島内各所でいまだに継続している．栽培する百姓たちの目的は，甘蔗から砂糖を精製して利潤を得ようということだが，その儲けによって穀物を買えるほどにはなっておらず，その一方で米・麦および雑穀に至るまで島内では品不足の状態が続いていることを指摘している．それに加えて領民からは高騰する穀物価格を理由に毎年食料の拝借願いが出される事態に陥っており，甘蔗による商売へ傾注することは農業の基本を忘れた心得違いにあたるとした．役所の言い分は以上のような主旨であるが，大庄屋および村々の庄屋から百姓たちに，本来の農業を取り戻すよう教諭すべし，と述べるにとどまっている．このような「間接的な教諭」しかできない役所の弱さもさることながら，百姓たちは甘藷から得られる砂糖の価値を深く理解し，島外との商品流通に呼応できる農業経営を志向していたことを裏づける．この実態を鑑みれば，主穀生産を削りつつ，売れる商品に特化した戦略を甘蔗作の制限令から知ることができよう．

4 多様化していた産業

近世天草諸島の産業は耕地のみに依存せず，山野河海の諸資源を活用し，これまで考察してきたように商業的展開を視野に入れた多種多様な生業を創出していた．この特徴は，すでに平野哲也の論説によって明らかにされている（平野1999）．平野が強く指摘する内容を後押しするのは，1789（寛政元）年に実施された天草郡の生業調査である．ここで百姓たちが営んでいた農業以外の多彩な生業が注目できるが，たとえば山々から雑木・小柴・薪などが切り出し，それらを売却する．このような山林資源を伐採した跡地を開墾し，甘藷や稗などを作付けする．また，一部の山地からは磁器の原料となる陶石，全国的にみても希少な砥石を採取し，他地域への移出を促進した．とくに陶石は現在まで天草産の商品価値は衰えることなく継続しているうえ，18世紀後半の1776（安永5）年に長崎奉行から出島のオランダ人向けに磁器製造を行うよう命じられ，天草の陶磁器は長崎の対外輸出品となっていった（中山2016）．このような一連の産業形成は，山地をうまく活用した傾向が強い．その一方で海に囲まれた立地を活かし，廻船・

漁業・水産加工・塩業といった業種も盛んであった.

　先述の下浦村について農業以外の職種に注目すると，以下のようなことがわかってくる．同村では積極的な新田開発とともに，土木技術を駆使した塩浜の充実がみられ，17世紀後半には塩浜が4カ所，塩業関係に従事する千場（船場）と呼ばれる地区では塩焼き（釜小屋）が7軒ほど存在した．当時，村内の全戸数は58軒しかなかったが，そのうち本百姓（農地所有者）17軒，名子（農地をもたない者）10軒よりも多かったのが31軒を数える塩浜稼ぎを生業とする家々であった．また，本業の合間に行っていた作間稼ぎ（農業・塩業を問わず）では，男は柴の伐採や水産物の干物作り，女は干物作りと海藻・貝類の採取をしていたとも伝えられる．この柴に関して同村には柴山4カ所，竹藪4カ所があり，加えて薪の伐り出しに利用する百姓山が5カ所，牛馬の飼料が得られる茅野山も3カ所あった．この薪や柴の利用が行き過ぎたためか，17世紀末期には柴山すべてが伐りつくされ，この跡地が農地へと転用されたことも推測できる．さらに村内には酒屋1軒があり，助太夫なる百姓が酒造株をもち，船場には廻船10艘を繋留することが可能だった．以上のような村の実態として，農業と並んで塩業，作間稼ぎの水産加工業，廻船業が百姓たちの生業を構成し，それに加えて薪・柴の採取といったさまざまな特色を有した産業形成が浮かび上がる．

　1752（宝暦2）年における町山口村の概要は，家数114軒で人数1720名と元禄年間（1688〜1704年）よりも規模が拡大しており，村内で所有する馬は143匹であった．農業以外の職業構成を考察すると，大工12・商人6・茅屋根葺き4・大鋸4・桶屋3・鍛冶2・酒造2・糀屋2・紺屋2・問屋1という数字があらわれる．大工などの木材加工，酒造や糀といった食品関連，そして商業を主たる仕事にする人々の存在が認められよう．また，1862（文久2）年の町山口村を含む近隣9か村の産物には，鋳物類（釜・羽釜・鍋），土焼物（摺鉢・茶碗・皿・徳利），瓦，櫨実，塩，蝋燭，酒などが書き上げられる．いずれも加工業の色彩が強く感じられるが，非農業部門の広がりや島外との交易といった側面が伺える商品の一覧である．

　海に面していない天草下島の宮地岳村（現・天草市宮地岳町）は，1691（元禄4）年に家数52軒，人数464名，特徴として山地にある村落で材木類の産出が多いとされる（本渡市　1991）．これが時代をくだった1761（宝暦11）年の「宮地

岳村明細帳」によると，家数は105軒（うち本百姓50軒），人数も1034名と倍増したことがわかる．薪・材木の産地として知られ，作間稼ぎに男は薪取り，女は布木綿織りに勤しんだ．このような山岳地帯の村でも人口が大きく伸び，耕地を所有していない名子15軒,無高40軒も生活を維持していたものと考えられる．その手がかりは馬71匹の存在で，薪や材木の搬出などが想定され，陸運の仕事に恵まれていたのである．

　天草陶石の採掘地として知られる高浜村は，天草諸島の人口増大を象徴する地域である．この村に関しては東昇が上田家文書という地域史料を丹念に読み込んで分析を行っている（東 2004）．上田家は近世初期から高浜村の庄屋を務め，1762年に陶石採掘，窯業を開始した．以下，東による有益な成果から本稿と関連する情報をまとめておきたい．17世紀末期における高浜村の人口は900名だったが，19世紀後半には3600名と4倍の膨張となり，近世天草の人口変動を示す格好の素材といえる．1768(明和5)年に住民2870名の生業を示す「人別稼仕訳帳」では興味深い事実が紹介されている．農業に従事する者は全体の37％(1057名)，特産品の焼物・薪など山稼ぎは19％（558名），船舶・漁業関係は16％（460名），残りは老人・子ども28％（790名）であった．その他に医者などが若干名といった村民で構成されている．老人や子どもを除く労働人口だけでみれば，大きく分けて農業50％，山稼ぎ25％，海に絡む業種25％となるが，実態としていくつかの仕事を掛け持ちする百姓を考慮すれば，山野河海の主要職業がいずれも経済の柱となって村落の経済活動が成り立っていた．つまり，農業本位で人口と対比を検討すれば不均衡という答えが出てくるものの，さまざまな産業全体を含めると村落経済を支える基盤が強固であったことがわかる．天草郡全体において幕府が懸念し，また庄屋たちが願書で用いる「困窮」の原因とした村高と人口の不釣り合いは実態に即したものではないだろう．

5　「旅人」たちの定住

　近世天草は，幕府の公文書で表現された「高不相応の多人数（農業生産力に対して人口が多いという不均衡）」といわれた経済環境を多種の産業形成によって乗り切ろうとしていた．土木技術を駆使して山地では棚田，港湾部では海面干拓

による開発を進めることで農地の増大を目指し，長崎や熊本など近隣都市との接点から商品作物を栽培し，特産品を起点とした海運の整備などが島外との流通を見据えた動きとして地元住民を養い，多人数を抱えることのできる状態に仕上げていた．島内人口の増加は，支配者としての幕府や島原藩から懸念の表明を受けていたが，実際に島を離れない百姓たちがいたことで彼らの生活が保障されていたことを意味する．

　ここでは個別農家の経営がどこまで潤いをもっていたか，また百姓たちが満足できる生活だったのかは問わない．支配権力の関係では毎年のように村々から夫食の拝借願いが提出されている点は留意すべきであるものの，困窮を理由に島から出て行く者がおびただしいとはいえず，居村の定住が志向されていたことが重要な点といえる．その一方で，天草にやってくる人々の存在も見逃せない．

　渡辺尚志が行った天草郡本戸組の大庄屋を務めていた木山家の分析では，役所から出される法令を書きとめた「御用触写帳」の内容から，地域における上層部の果たした機能が確認されている（渡辺 1999）．大庄屋の職務はさまざまであるが，そのうちの重要な業務は「旅人」の取締であった．天草には他地域からの旅人（流入者・来訪者）が多数あり，彼らを取り締まることで地域有力者たちは島内の治安維持を目指した．ただし，村ごとに庄屋および村役人が規制を出すことでは達成されない広域的な案件のため，数か村以上の統轄が可能な大庄屋がこの問題を取り扱っている．

　天草郡は幕府領ながら，1783（天明 3）年から 1813（文化 10）年の約 30 年間を預所支配という形で島原藩の支配下にあったが，1813 年 7 月に幕府直轄地に復帰し，その際に旅人取締方の法令（6 カ条）が発布された．東昇が着目した高浜村の事例では，同村に訪れた旅人は 1813 年から 1832（天保 3）年のおよそ 20 年間で 900 件もの事例があるという（東 2004）．このような状況を案じてか，幕府直轄地に復帰してから天草郡の支配をしていた富岡役所が 1817（文化 14）年 6 月に出した法令では，先述のように「高不相応の多人数」の島内事情で自給ができないうえ，そこにたくさんの旅人が入り込み，百姓たちの生活を脅かしていると警告を発した．実際にどのような形で旅人が地元住民の生活に悪影響を及ぼしたのか，この文面では詳細に語られていないが，意図するところは食料調達の危機，治安の悪化という予想ではないかと察する．

高浜村の場合，旅人の目的も把握されているが，業種からすると船頭（廻船）が最も多いようである．それは当然，高浜村に廻船が商品を持ち込み，そして当地の特産品を買い集める売買が手広く繰り替えられていたことを証明している．幕府直轄に復帰した時期，東による売買の実態分析では，他国廻船が米・大豆・小豆・大麦・小麦・酒・塩・そうめん・柿を高浜村で売却し，返り荷物は当地産の陶磁器や，干物など海産物であったことがわかっている．これは，近世後期の高浜村に限らず，天草の多くの海岸部では同様の取引があり，不足する米・麦の移入，そして特産品の出荷が一般的であった．また天草諸島全体を見渡すと，北には有明海，東西には熊本および長崎，そして南には東シナ海が広がっており，これらの海域を往来する船舶にとって天草は良い碇泊地だったといえよう．ただし，それは船乗りたちの短期滞在だけとは言い切れない．この島に定住することを目的にした旅人，しかも「非合法」の場合もあった．

次に掲げる表2には，上述の高浜村を含む大江組5カ村・19名の旅人書上を

表2 文久2 (1862) 年8月：大江組の旅人一覧

村名	旅人	居住地	目的
大 江	権太郎	肥前・島原京泊	漁稼ぎ
	定蔵 ※①	肥前・唐津呼子波戸	漁稼ぎ
	松之助	肥後・長洲	船乗り商売
	徳次郎	肥後・八代	日雇い稼ぎ
	瀧之助	伊予・松山	手習い指南
崎 津	卯右衛門 ※②	筑後	日雇い稼ぎ
	丹之丞	肥後・熊本	日雇い稼ぎ
	嘉重	豊前・四日市	船乗り商売
今 富	多輔	肥後・飽田	読書指南
	少輔	肥後・熊本	医業，手習い指南
高 浜	平吉	肥前・塩田	魚類商売
	庄太郎	肥前・島原飛子	反物商売
	茂平 ※③	長門・赤間関	鍛冶渡世
	幸之助	讃岐・高松	油・酒商売
	左膳 ※④	河内・里田	医業
	伊惣太	肥前・為石	漁業
下津深江	曽我部大八郎	阿波・徳島	筆算など指南
	敬哉	安芸・広島	医業
計5カ村	19名		

出典）九州大学九州文化史研究部門所蔵長沼文庫11「天草大江松浦氏記録」（写本）より作成．

示している．出典史料は1862（文久2）年8月現在，この5カ村に滞在していた旅人を書きとめており，その名前・本来の居住地・天草に来た目的（職業），そのほかには天草の滞在先や書類提出の有無などが含まれている．このような調査内容は郡内村々で実施されていたが，単年度の具体例を考察すると，彼らが天草に「住みたい」願望とその実現がみえてくる．

　旅人書上の全体で共通するのは，ここに登場する全員が必要な手続きを行っていない「不法滞在者」であり，しかも滞在期間は半年程度から数年間に及ぶ場合もみられた．また，もとの居住地を一覧としているが，九州各地から西日本一帯に広がりをもっていることも確認できよう．以下，表2に付記した事例①から④について紹介しておきたい．

　事例①として大江村に滞在する定蔵は，1859（安政6）年に同村へ入って漁稼ぎをしている．ただし，往来手形やもとの居住地である肥前の呼子波戸村（現・佐賀県唐津市）の役人が作成した書付はもっていない．つまり，旅人として天草にやってきたが，公的に移動が認められる書類は不備で，加えて3年余りも大江村に住んでいる．事例②の崎津村・麟一なる人物のところに身を寄せていた卯右衛門は筑後国から天草へ来て約1年間，往来手形や居住地役人の書付はなく，日雇い稼ぎを生業にしていた．この麟一宅には熊本出身の丹之丞もおり，同じく日雇い稼ぎを行っていたので，麟一の仕事が旅人を受け入れる宿屋か，もしくは日雇いの仕事を束ねる役割があったのか，興味深いところである．事例③の茂平は，1847（弘化4）年に高浜村へ移り，為五郎という人物の家に滞在した．職業は鍛冶渡世とあり，15年近く天草に住んでいることがわかる．右に挙げた漁業の定蔵，日雇いの卯右衛門や丹之丞と少し異なり，長期にわたってしかも作業場が簡単には動かせない鍛冶屋で，生産および販売などの関係を合わせると地域に密着し，生業に勤しんでいたことは明白である．とても目立たぬように隠れて生活をしたとは思えず，地元住民と日常的に顔をあわせる場面もあっただろう．事例④に登場する左膳は河内国（現・大阪府）出身の医者であり，高浜村の喜久助方に1848（嘉永元）年から滞在しているという．左膳は，この表2に掲出する19名のなかで最も遠方から移ってきた人物で，ちなみに今富・下津深江の両村にも医者の「旅人」が来ている．

　この表2で彼ら旅人の目的は，漁や日雇い稼ぎ，船乗りや商売をする者，医者

が学問の指南役に大別できる．漁稼ぎであれば旅人個人が単独で行うことは考えられず，地元住民が雇用主，もしくは共同作業者として関係をもっているだろうし，日雇いについても地元で誰かが仕事のやりとりをするはずである．また船乗りや商売に携わる人々にも注目できよう．廻船を使った商売（船乗り）だとすれば，天草に定住しているとは限らないが，うまく仕事をこなすためにさまざまな人々や商売との接点は欠かせない要素である．また，反物・油・酒といった島内で生産が十分ではない商品を扱うことも旅人ならびに地元住民が興味を示すだろう．島民が酒などの嗜好品を入手していることも興味深い．そして医者や学問の先生は，村落社会の運営に必要な人材であり，現地で相応の人材がいない場合は他所から招き入れることになる．これは近世の天草諸島に限らず，列島各地で行われていたことであろう．読書や手習い，算術などの教養を身につける，また村民の暮らしを医療から支えるという志向は旅人の独断で可能にはならない．庄屋など村内の有力者から支持を得るほか，学ぶ側の賛意もあってしかるべきだろう．彼らがいずれも往来手形や居住地役人の書付がないという「不法」で滞在したとしても，受け入れている大江組の村々，とくに村役人には暗黙の了解をとっていることが予想できる．いずれの業種にしても，現地との交流がなければ成立せず，むしろ地元民の要請から「滞在」している旅人が少なくない．幕府（富岡役所）の意向とは裏腹に，島外から旅人が天草に入り込むことで，現地の村落社会および地域経済が円滑に進んでいたとも考えられる．

6 村落と百姓の実像

近世日本の村落社会や百姓に関する歴史的視点を大きく変えようとした佐藤常雄と大石慎三郎の試みが世に出されてから久しい（佐藤・大石 1995）．当時の農業やそこで暮らす人々の実態を把握しようという意識はしだいに上昇し，実証研究から浮かび上がる百姓の存在感はいっそう注目を集めるようになった（渡辺 2008）．しかし，いまだに個別の地域史では十分な理解を得られていないことも多いだろう．天草諸島の近世史は先学によって新しい視点が反映された事例として重要であり，本章もその流れに乗って論述をしてきた．

17 世紀における日本の人口増加は，「大開墾の時代」と呼ばれるように農地の

拡大によってもたらされてきた．農業の発展が先か，はたまた人口増大による農業振興が先か，というニワトリと卵の関係をみるような視点も存在するが，それ以上に農業生産力のみで人口問題を語るべきではないというのが本章の意図したところである．天草の地域的特質は，古文書が語る過剰な人口という点で注目を集めてきたが，それが困窮する島民に直結するものではない．文書上では，村々および百姓たちが目的を達成するための文言が並び，それを支配領主側が受容することで，農業生産と人口の不均衡が一人歩きをしたのではないか．その証拠に，困窮しているはずの百姓たちは「脱出」する機会を与えられても島を離れない．それには信仰心や病気への忌避などが理由に挙げられてきたが，実際には人々が培ってきた多種多様な生業，山野河海を活用した生活力の構築があった．

　天草の豊富な資源および産業の形成には，外部からの流入者である「旅人」も一役買っており，その経済基盤の拡充も指摘できよう．幕府の論理からすると，旅人が入り込むために天草の村々が困窮に陥るとの危惧があったが，生活難を予想してわざわざ島にやってくる理由は見当たらない．彼らにしても天草で生活が維持できることから長期滞在をしている者があらわれてきたのである．産業全体を見渡せば，天草諸島は豊かな土地であった．

　近代以降，天草は国内外に移民を多数輩出する地域として注目を集める．これも人口増大が影響し，生活が困難であった人々は生き延びる術として島外へ出て行ったとする論説も数多く存在する．ただし，個人の動きに注目すると必ずしもそうとは言い切れない．明治時代末期に天草からベトナムに渡った松下光廣は，サイゴン（現・ホーチミン）で実業家として成功を収め，日越関係にも多大な貢献をしている（平田 2011）．彼の足跡をみても，移民という選択をした理由は厳しい生活の脱却との答えには落ち着かないのである．本章の執筆によって多くの課題が与えられた．今後さらなる研鑽を積む努力をしていきたい．

文献一覧
荒武賢一朗
　　2012「史料紹介　上天草市吉田家文書」，荒武賢一朗編『天草諸島の歴史と現在』，大阪：関西大学文化交渉学教育研究拠点．
佐藤常雄・大石慎三郎
　　1995『貧農史観を見直す』，東京：講談社（現代新書）．

中山 圭
　　2016「近世天草陶磁器の海外輸出」，荒武賢一朗編『世界とつなぐ　起点としての日本列島
　　　　史』，大阪：清文堂出版.
速水 融・鬼頭 宏・友部謙一編
　　2001『歴史人口学のフロンティア』，東京：東洋経済新報社.
服藤弘司
　　1955「天草に於ける大庄屋の権限の推移」，宮本又次編『農村構造の史的分析』（東京：日本
　　　　評論社）（のち服藤弘司1987『地方支配機構と法』，東京：創文社所収）
檜垣元吉
　　1952「近世天草の人口問題とその背景」，九州大学九州文化史研究所紀要』第2号.（のち檜
　　　　垣元吉1991『近世北部九州諸藩史の研究』，福岡：九州大学出版会所収）
東 昇
　　2004「肥後国天草における人・物の移動——旅人改帳・往来請負帳の分析——」，京都：国際
　　　　日本文化研究センター『日本研究』第28号.
平田豊弘
　　2011「松下光廣と大南公司」，荒武賢一朗編『陶磁器流通と西海地域』，大阪：関西大学文化
　　　　交渉学教育研究拠点.
平野哲也
　　1999「寛政八年百姓相続方仕法と村社会」，渡辺尚志編『近世地域社会論——幕領天草の大庄
　　　　屋・地役人と百姓相続——』，東京：岩田書院.
本渡市教育委員会編
　　1995『天領天草大庄屋木山家文書　御用触写帳』第1巻，熊本：本渡市教育委員会
　　1999『天領天草大庄屋木山家文書　御用触写帳』第4巻，熊本：本渡市教育委員会
本渡市史編さん委員会編
　　1991『本渡市史』，熊本：本渡市.
松田唯雄
　　1947『天草近代年譜』，熊本：みくに社.
渡辺尚志
　　1999「文化～天保期の大庄屋と地域社会」，渡辺尚志編『近世地域社会論——幕領天草の大庄
　　　　屋・地役人と百姓相続——』，東京：岩田書院.
　　2008『百姓の力——江戸時代から見える日本——』，東京：柏書房.

第4章 山野からみた明治維新

渡辺 尚志
Watanabe, Takashi

1 江戸時代・明治時代の山野

本章の課題

　江戸時代（近世）・明治時代の農民たちは，自らの暮らしを守り発展させるための不可欠の営みとして，文書を作成・授受・保存・管理してきた．そして，今日の研究者は，そうした文書を用いて研究を行い，その成果を広く発信するとともに，文書史料を未来へと伝えていく責務を負っている．本章は，そうした研究活動の一環として，19世紀の山形県内の1地域をフィールドに，村落社会に生きた人々と周囲の山野とのかかわり，および山野をめぐる村々の争い（山争い）について文書史料に即して具体的に検討し，そこから生命維持を究極の目的とする人々の営みの軌跡に迫ろうとするものである．

　人間（とりわけ前近代の）の生存にとって，山野は不可欠の重要性をもっていた．人々は，食料・燃料・肥料・建築用材などの多くを山野から得ていたのである．

　日本の森林被覆率は今日でも国土の約70％に達しており，これは世界的にみても有数の高さである．その理由について，「日本人は昔から自然を大事にしてきた」といった素朴な歴史観だけで説明することは難しい．歴史を振り返れば，森林が荒廃の危機に瀕した時代もあったのであり，そうした時期に人々がどのように危機に対応し克服してきたのか，その軌跡を丹念に追究する努力が求められる．

16世紀から19世紀にかけて，山野の多くの部分は個人の私有地ではなく，村あるいは複数の村々が共同で所有・利用する入会地であった．そして，屋敷地や耕地の周囲に拡がる山野が，村と村の境界になっていることが多かった．そのため，山は，村々が共同利用のルールを定めて協力する契機にもなれば，山野の用益権をめぐって争う対立の契機にもなったのである．

とりわけ，中世・近世移行期には村どうしの争いが多発し，その争いは村々による実力行使，自力救済によって解決された．しかし，こうした紛争解決方法は村人に多大な犠牲を強いるものであり，人々は平和的な紛争解決の仕組みを希求するようになった．こうした社会の動向を踏まえて，豊臣秀吉やそれに続く徳川氏の統一政権は惣無事政策によって，実力行使による紛争解決を厳しく禁止した．その結果，江戸時代には，訴訟が紛争解決の中心的手段となったのである．

17世紀には全国的に耕地の大開発が進み，全国の耕地面積は1600年の220万町（1町は約1ha）から1721年の296万町へと，1.3倍に増加した．それとともに森林の減少と山野の荒廃が進み，洪水の多発や肥料不足といった問題が発生した．こうした森林の危機は18世紀にはとりあえず克服されて，大局的には森林の保全が実現し，紛争は裁判によって平和的に解決するという体制が実現した（渡辺2017）．

しかし，こうした人と山野との安定的な関係は，明治維新によって再び危機を迎える．そのとき，人々はどのように危機に対処したのか．本章では，その点を具体的に追究したい．

明治期の森林荒廃と復興

まず，明治維新期における森林の荒廃について述べておこう．明治初年の地租改正（明治政府の行った土地・税制改革．土地の私有と売買を認め，土地所有者に地券を交付し，地価の3%を地租として金納させた）後は各地で森林の荒廃が進行した．各地の森林の荒廃は，多くは明治維新以後の皆伐によって生じたのである．

明治期，とくにその前半期は，森林荒廃の時代，ハゲ山の増加とそれによる水害多発の時代だった．それと同時に，国と地方自治体が森林荒廃と水害に制度づくりによって対処しようとした時代でもあった．その点では，17世紀と共通す

るところが多い.

　森林荒廃の原因の第1は，幕末維新期の混乱や廃藩置県にともなう管理体制の全般的な弛緩である．これは，官林（江戸時代の御林（幕府・大名の直営林））においてとりわけ顕著であった．行政による管理が行き届かなくなったのである.

　第2に，外国貿易開始以降の経済と市場環境の変化により，村人たちが入会山野を過剰に伐採したことがある．たとえば，長野県諏訪地方では，開港後の輸出用の生糸需要の急増とともに，村内に製糸工場が次々に建てられた．村民である工場主は，工場で使う薪炭を村の入会山野から調達していたが，薪炭材はすぐに涸渇してしまい，山は草山となっていった.

　第3は，明治政府による林野の官民有区分政策である．この政策によって，官有林に対してそれまで地元村がもっていた入会の権利は否定され，農民たちは入会林野から締め出された．それでも従来通り林野に入った者には，厳罰が下された．この政策は多くの地元村民の反発を買い，官有林の「盗伐」などの行為が多発した.

　こうした事態に対処するため，1897（明治30）年に森林法が制定された．森林法により，政府の国有林（元の官有林）に対する監督権が強化されたが，それと並行して，国有林野を地元民に開放する施策が積極的に展開された.

　1899（明治32）年に制定された「国有林野法」では，部分林や委託林という，江戸時代以来の慣行にもとづく制度が採用された．部分林制度とは，国有林野内に国以外の者が造林し，その収益を国と造林者とで分け合う制度である．また，委託林制度は，国有林野の保護活動と引き換えに，そこからの産物の一部を地元住民に無償で供与する制度である.

　部分林制度も委託林制度も，国と地元住民が役割分担して林野の保護・育成に努めるという点では共通している．そして，その点では，両者は，大名と百姓が協力して行った，江戸時代の森林育成制度とも通底しているのである.

　こうして，国有林野に，江戸時代の伝統を継承した制度が導入され，地元住民との協働関係の構築が目指された．これは，伝統の再発見・再活用といえる.

　また，同年に制定された「国有土地森林原野下戻法」では，官民有区分の際に不適切に官有地とされた林野を民有地に戻す道が開かれた.

こうした多様な取り組みの結果，近代日本も大局的には森林被覆率を高く保つことに成功した．明治維新期において，林野はいったん荒廃の危機に瀕したが，人々の努力と工夫がこの危機を救ったのである（岩本 2012，斎藤 2014）.

明治前期の林野政策

次に，本章で取り上げる山争いと密接に関係する，明治政府の林野政策，とりわけ官民有区分政策の推移を簡単に述べておこう（山形県 1975）.

明治政府は，1870（明治 3）年 9 月，「開墾規則」によって，所有関係の明確でない山林原野の払下げ制度を定めた．民間への払下げによって山野の所有者を確定することを通じて山野の開墾を促進し，それによる租税の増収を図ったのである．

次いで，1871 年 8 月の「荒蕪不毛地払下規則」により，全国の入会地が入札による払下げの対象とされた．さらに，1872 年には，官林の払下げも認められた．

官林は江戸時代の御林（幕府・大名の直営林）を継承した部分が大きかった．江戸時代の御林では，百姓の薪炭・下草採取が認められていた場合が多かったが，官林払下げによってそこが私有地になった結果，新しい所有者が従来からの百姓の利用を認めなかったり，森林を濫伐したりするケースも出てきた．

払下げ制度は，資力のある庶民には儲けのチャンスでも，入会慣行によって生活を維持してきた一般農民には大きな打撃となったのである．これによってかなりの林野が払い下げられたが，それでもまだ全国には広大な入会地が存在していた．

一方，1874 年 11 月に，明治政府は「地所名称区別改正法」によって，全国の土地を官有地と民有地の 2 種に区別したが，この時点で存在した入会地は「所有の確証」がない限りすべて官有地に編入されることになった．

次いで，1876 年 1 月に「山林原野等官民有区分処分方法」によって官有地と民有地の区分の具体的な基準が示された．そこでは，文書等による人民所有の確証が得られない土地は官有地とするものとされた．総じて民有地の認定基準はたいへん厳しく，その結果入会地の相当部分が官有地とされてしまったのである．これが，地租改正にともなう，山林原野の「官民有区分」である．

この官民有区分事業は，1881 年におおよその完了をみた．ただし，官民有区

分は官と民の所有区分は明確にしたものの，当初は江戸時代以来の入会慣行については あまり問題にしなかった．そのため，農民たちのなかにも，たとえ入会地が官有地にされても，従来通りの山野利用が許されるならばそれでもよいと考える者が多かった．むしろ官有地となったほうが，租税を払わなくて済むと考えた者もいたのである．

　ところが，農民たちの官有地利用はしだいに制限される方向に向かった．政府は，1877 年に官林監守人制度を設けて，監守人に官林を管理させた．1879 年には，官有地を利用するには鑑札（利用許可証）が必要とされるようになった．

　1886 年には大・小林区制が敷かれ，無許可で官林に入山した者は森林窃盗の容疑で起訴されるようになった．こうしてしだいに官有地への立入制限が強化され，農民は官有地から締め出されることになった．

　こうした事態に対して，農民たちが不満を抱き抵抗するのは当然である．政府は取締りを強化して農民たちを抑え込もうとしたが，農民たちの「盗伐」はますます頻発した．そもそも，政府からみれば，官有地に無断で入って下草等を採取する「盗伐」行為でも，農民側からすれば，江戸時代以来の入会慣行を継続しているだけであり，生活維持のための不可欠かつ正当な行為なのであった．そのため，取締りを強化するだけでは，「盗伐」を根絶することは困難だった．

　そこで，政府は 1890 年 10 月，官民有区分に起因する紛争の裁定機関として行政裁判所を開設した．しかし，行政裁判所の判決の多くは政府や府県の判断を追認するものであった．

　1899 年 4 月には，「国有土地森林原野下戻法」が公布され，農民たちからの国有地（元の官有地）の払下げ申請を受け付けることにした．そこには，国有地を民有地として農民たちに払い下げれば，彼らの抵抗もおさまるだろうとの思惑があった．

　しかし，農民たちの希望は十全には満たされず，実際に払下げを認められた林野は一部にとどまった．「国有土地森林原野下戻法」は，農民たちの願いを全面的に実現するものではなかったのである．そのため，農民の不満は解消されず，その抵抗も完全にやむことはなかった．

　以上の全国的動向を念頭に置きつつ，これから具体的な山争いの一部始終をみていこう．

第 4 章　山野からみた明治維新　59

　以下に取り上げるのは，官民有区分に起因するものとは位相を異にする山争い
である．しかし，これも村人たちにとってはけっして譲れない死活問題であった．
従来あまり注目されてこなかったタイプの山争いの検討を通じて，明治維新とい
う激動期における村人と林野との関係について，より豊かな歴史像の構築を目指
したい．

2　狸森村と長谷堂村の山争い

争いの発端

　以下，山形県下において明治維新後におこった山争いを取り上げて，明治維新
が村々の山野利用に与えた影響について，具体的に考えたい．取り上げるのは，
狸森村と長谷堂村の争いである．なお，以下の記述は，江口（1975）に所収さ
れた史料に全面的に依拠している．
　狸森村（現・山形県上山市）は村山郡に属し（1878（明治 11）年以降は南村山郡），
明治以降は山形県の管下であった．本沢川上流の山村で，少ない耕地を薪炭生産
で補っていた．1878 年の戸数 145 戸，人口 938 人，1889 年に小白府村と合併し
て山元村となり，狸森は山元村の大字になった．
　長谷堂村（現・山形市，上山市）は村山郡に属する（1878 年以降は南村山郡）
大きな村である．明治以降は山形県の管下であった．本沢川中流の扇状地にあ
り，小滝街道・上山街道が通る交通の要地であった．1878 年の戸数 277 戸，人
口 1657 人，1889 年に本沢村の大字になった．
　ここで問題になる二ツ森山など 8 ～ 10 カ所の山は，長谷堂・狸森・小白府・
片谷地・谷柏（上谷柏と下谷柏に分かれている）・津金沢・二位田・前明石・菅
沢 9 カ村の入会山であった．
　1875 年の官民有区分時に，村々の入会山は官有地に編入された．入会村々は
入会山の官有地編入については正面から反対してはいない．代わりに，1875 年 5
月に，山形県に「柴草刈取場拝借願」を提出して，「柴草場拝借料」の納入と引
き換えに，官有地での柴草（小枝や草）刈取を許可してほしい旨を願い出た．入
会山野の所有権よりも利用権の方を重視したといえる．村々にとっては，そこが
官有地か民有地かということよりも，そこで木の枝や下草を採取できるかどうか

ということのほうが重要だった.

　この出願が認められる前の1878年4月に，各村が「地籍帳（地籍簿）」を県に提出した．このとき，9カ村の入会山については，長谷堂村が自村の「地籍帳」に記載したため，同村の地籍とされた．これに対して，狸森村はそこが自村の地籍であると主張して，長谷堂村に抗議した．これが争いの発端である．入会利用の許可願いよりも，入会山の地籍のほうが当面の問題になったのである.

　狸森村からの抗議を受けて，1880年1月8日，長谷堂村用掛（後の村長に当たる）須貝長吉らは，南村山郡長に対して，長谷堂村などの入会山野が同村の地籍に編入された経緯を次のように述べている（現代語訳．以下本章の引用史料はすべて現代語訳したものである）.

　　　江戸時代には，入会山野での小柴や萩の刈取料として，山形藩から山漆の実3石8斗が長谷堂村に賦課されました．長谷堂村では，それを入会各村の村高（村全体の石高）に応じて割り当てて徴収し，それを一括して藩に上納してきました．そのことは，明和年間(1764 ～ 1772)作成の「長谷堂村明細帳」（現在の「村政要覧」のようなもの）に明記されています.

　　　その後，入会村々は3家の大名の領地に分かれ，山漆実役（山漆の実の上納）は現物納から貨幣納に変わりましたが，長谷堂村はそれまでと変わらず，山漆実役の割当・徴収・上納を一手に行ってきました．この点も，江戸時代の史料によって明白です.

　　　よって，1876（明治9）年に「地籍帳」を作る際に，担当官が江戸時代の史料を調べたうえで，当該山野を長谷堂村の領域内と決定したのです．お尋ねにつき，証拠書類を添えて，以上の通り申し上げます.

　こうした長谷堂村の主張に対して，狸森村はもちろん納得せず，両村の交渉が続けられた.

　当時の『山形新聞』には，次のような記事が載っている.

　「『狸森村の人民と長谷堂村などが大戦争を始めるとか何とかいうことで，当

時支度の最中である』という投書がありますが，真偽は知りません」（1880年1月14日付）．

「狸森村では，どういう訳か，長さ3，4尺（1尺は約30cm）の棒を集めています．また，夜な夜な狸森村の観音堂に集合し，そこらの川から小石を拾い集めて，山のように積み置いているという話です．いったい，何のためでしょうか」（1880年1月20日付）．

「長谷堂村の村民は，毎晩毎晩集合し，何か相談をしていましたが，2，3日前から竹槍を拵えて，もはや数百本を備え置いているということです．何をするためでしょうか．以上は，同地からの報告です」（1880年1月23日付）．

　こうした新聞記事から，両村の間に，暴力沙汰にも発展しかねない緊張関係が存在したことがわかる．同時に平和的な交渉も続けられたが，なかなか埒が明かなかったため，とうとう狸森村では裁判に訴えることにした．

狸森・長谷堂両村の裁判始まる

　裁判に先立って，1881（明治14）年6月13日に，狸森村の小前惣代（一般村民の代表）田代久兵衛ほか3名が山形県令（県知事）三島通庸に，次のような伺書を出している．

　　官山調べ違い訂正の儀につき伺書

　　狸森村は山間の僻地で，官林や官山に囲まれています．この官山は以前から長谷堂村などとの入会地で，狸森村が地元であることは，1684（貞享元）年作成の絵図や文書によって明らかです．

　　ところが，1876（明治9）年からの地租改正作業の際，当時の村役人が何を間違ったのか，当該官山を当村の地籍として「地籍帳」に記載しませんでした．かえって，長谷堂村がそこを自村の「地籍帳」に記載してしまったのです．そこで，狸森村では，1880年1月以来，「地籍帳」の訂正（官山となった入会地を，長谷堂村の地籍から除き，狸森村の地籍に加えること）を，繰り返し山形県に願い出てきました．

　　これに対して，長谷堂村は，従来当該官山に賦課された「木実税金」（山

漆実役）を，自村が入会村々から取り集めて上納してきたことを根拠に，そこが自村の領域内であると頑強に主張しています．そこで，こちらとしても裁判に訴えざるを得ないかと思いますが，それで問題ないかどうかお伺いします．

1881 年 6 月 29 日に，県はこの伺いを許可した．これを受けて，狸森村では田代久兵衛・長岡與平・長橋安五郎・清野善吾が村民代表となり，長谷堂村を相手取って，7 月 19 日に，福島裁判所山形支庁管内山形区裁判所に「地籍帳訂正願差し拒み勧解」を願い出た．

勧解とは，民事事件において，裁判官が原告と被告を和解させる制度であり，今日の調停に相当する．つまり，狸森村は，長谷堂村が「地籍帳」の訂正を拒否している件について，裁判所による調停を求めたのである．

1871 年頃は，山形県庁の聴訟課が訴訟を扱っていたが，1876 年に聴訟課は山形県裁判所と改称され，山形・高畠・新庄に支庁が置かれた．同年，米沢裁判所が設置されて，山形・福島両県を管轄することになった．さらに，同年中に，米沢裁判所は福島に移転して福島裁判所となり，山形と鶴岡に支庁が，また米沢・山形・鶴岡に区裁判所が置かれた．そこで，この訴訟は，福島裁判所山形支庁管内山形区裁判所で審理されることになったのである．今日の地方裁判所での審理に相当する．

1881 年 9 月 17 日には，田代久兵衛ら狸森村の代表者 4 名と差添人松浦徳隆（山形町居住の代言人（訴訟代理人））が，山形区裁判所長に次のような上申書を提出している．

　　上　申　書
　　被告長谷堂村にかかわる「地籍帳訂正願差し拒み勧解」事件につき，原告狸森村は以下の通り上申します．
　　本件で争点となっている山は，元来原告村がその地元であります．そして，被告村をはじめとする村々がそこに入り会っているのです．すでに，1684（貞享元）年に入会をめぐる争いがおこっており，そのときの幕府の裁許によって入会の規則が確立しました．そのため，以後，江戸時代の間は争いがおこ

ることはありませんでした.

ところが, 明治になってから, 被告村が今回の係争地を恣意的に自村の地籍に編入してしまいました. そして, 1878 (明治11) 年になって, 係争地の入会利用の継続を山形県庁に出願するため, 被告村が県庁への出願書類に原告村の署名を求めてきました.

その書類を一読したところ, 係争地がことごとく長谷堂村の領域内として記載されているではありませんか. 原告村は, このときはじめて, 被告村が係争地を同村の「地籍帳」に記載している事実を知ったのです. そこで, 原告村では, 係争地を自村の「地籍帳」に編入したいと県庁に出願しました.

ところが, 被告村は, 原告村の「地籍帳」訂正願を拒否したのです. そのため, 今回の争いとなったしだいです.

上申書では続けて, 1684年の「裁許絵図面」(幕府の判決結果を記した絵図) を根拠に, 原告村が係争地の地元であり, 係争地の地盤が原告村に所属することは明瞭だと主張されている.

この上申書に対して, 被告長谷堂村は, 1881年9月17日に, 次のような陳述書を提出して反論を行った.

被告長谷堂村は元郷, 原告狸森村などは支郷という関係になります. 昔は, 狸森村などは, 「長谷堂村支郷狸森村」と呼んでいました.

係争地の山は, 江戸時代を通じて長谷堂村に所属する土地でしたので, 山税はずっと長谷堂村から上納してきました. こうした事実を踏まえて, 地租改正の際にも, そこを長谷堂村の所属地としたのです. 狸森村など入会村々もこれまでその事実を認めておきながら, 今さら係争地の所属を争うというのは, はなはだ不当の至りです.

ここでいう「元郷」とは中心になる村, 「支郷」とは「元郷」に付属・従属する村のことである. 長谷堂村はこのように述べたうえで, 明和年間 (1764〜1772) から1870年までの納税通知書などを証拠として, 原告の主張を否定している.

64

　両者の主張は対立したままで，1881 年 9 月 26 日に，裁判所による勧解は不調に終わった．そこで，同年 10 月 6 日に，田代久兵衛ら狸森村の代表者 4 名と代言人松浦徳隆は，あらためて裁判所に訴状を提出している．本格的に裁判が始まったのである．このときの訴状の内容は，1881 年 9 月 17 日の上申書とほぼ同様だった．

　なお，1882 年 1 月 1 日から，福島裁判所山形支庁は山形始審裁判所と改称され，また山形・米沢などにあった各区裁判所は治安裁判所と改称された．この制度は，1890 年まで続く．そのため，審理は山形始審裁判所で行われた．

一審と控訴審で異なる判断

　長谷堂村側の主張をさらにくわしくみるために，1882（明治 15）年 4 月 11 日に，村民代表の須貝長吉ほか 3 名と代言人の南綱一が山形始審裁判所に提出した答弁書の一部を次に掲げる．

　　　係争地となっている官山は，昔から明らかに被告長谷堂に所属する土地です．狸森村などは長谷堂村から分かれて成立した村で，長谷堂村の支郷です．狸森村が独立して以降は，薪や株の採取のために，狸森村が係争地に入り会うことを認めてきました．
　　　江戸時代に領主から係争地に賦課された山税は，被告村（長谷堂村）から，狸森村など入会各村に割り当てて徴収し，被告村が単独で上納してきました．
　　　また，9 月か 10 月ころの適当な時期に，地元である被告村から入会各村に「山開き」の通知を回して，薪や株の採取を開始するのが常でした．入会各村の側では，被告村からの通知を待ってはじめて入山したのです．
　　　以上の事実から，係争地が被告村の所属地であることは明瞭です．

　こうした両者の主張をふまえて，山形始審裁判所の判決が 1882 年 5 月 23 日に出された．判決では，被告長谷堂村が提出した資料はいずれも係争地が長谷堂村の所属地であることの証拠たり得ないとの判断が示され，長谷堂村は狸森村の地籍帳訂正願を拒否する権利はないと言い渡された．そして，訴訟費用は長谷堂村の負担とされた．狸森村の勝訴となったのである．

第4章 山野からみた明治維新　65

　この判決を不服とした長谷堂村は，1882年6月28日に宮城控訴裁判所（現在の高等裁判所に当たる）に控訴した．今度は，長谷堂村が原告，狸森村が被告となったのである．長谷堂村の村民代表は須貝長吉と遠藤太助，代言人は南綱一で，彼ら3人が訴訟の中心になった．

　長谷堂村の訴状には，次のように記されている．

　　原告（長谷堂村）は，山形始審裁判所の判決は不当だと考えます．原告が示すところの証拠と事実により，原告が係争地の地元であることは明らかです．にもかかわらず，山形始審裁判所では，原告が提出した資料の証拠能力を認めず，現地の地形だけを見て，被告（狸森村）の勝訴としたものと思われます．

　　しかし，たとえ係争地が被告村に隣接しているとしても，他方では，そこが原告村の所属地であるという証拠が十分にあり，さらに原告村が地元として数百年来入会村々を統括し係争地を管轄してきたという慣行があるわけです．

　　また，原告村は被告村と比べて，係争地からはいくらか離れた所にありますが，それでも係争地とは地続きです．

　　それを，このたび地形だけを根拠に，被告村に係争地を奪われるようなことになれば，被告村はさらに増長して，原告村やほかの入会村々は農作業に支障をきたすことになるでしょう．まことに嘆かわしいことです．

　　どうか，山形始審裁判所の判決を覆すような判決をお願いいたします．

　宮城控訴裁判所の判決は1882年9月8日に出されたが，それは次のような内容だった．

　　係争地はすべて官有地であるから，その地籍が原告・被告どちらの村に属するとしても，両村人民の権利や利害に影響はない．そして，係争地が官有地であることについては，原告・被告ともに陳述が一致している．

　　両者ともに，係争地を自村の地籍としておけば，後日そこの借用を出願するとき有利になるだろうと考えて，自村が地元だと主張しているに過ぎない．

　　係争地が官有地である以上，地籍の改定などは，官（行政）が現状と公益

とを考慮して行うべきものである．原告・被告が行政上の処分を求めるならばともかく，司法に訴えるべき問題ではない．よって，本件では，どちらかを勝訴とすることはできない．

　ただし，訴訟費用はそれぞれ自己負担とする．

　すなわち，係争地は官有地ということで所有権が確定している以上，両村の争いに司法判断を下す必要はないというのである．そして，地籍の改定を求めるならば，行政庁（山形県）に願い出よ，としている．地籍についての判断を避け，いわば訴訟を「門前払い」したのである．

　しかし，両村にとっては，係争地が官有か民有かということ以上に，そこがどちらの村の地籍に属するかということのほうが重要だった．そこで，両村とも係争地が官有地であることを認めつつも，地籍の帰属に関しては激しく争ったのである．裁判所は，こうした村人たちの所有意識を理解していなかった．

係争中の入山許可が問題になる

　宮城控訴裁判所での判決を受けて，長谷堂・狸森両村は，それぞれ山形県に対して行政処分（県による地籍の帰属決定）を求めた．行政処分が下されるまでは地籍をめぐる争いは続いているので，両村をはじめ入会村々はその間係争地の利用を差し止められた．そこで，1883（明治16）年3月に，長谷堂村とほかの入会村々（狸森村を除く）は，山形県に対して次のように嘆願した．

　　長谷堂村の領域内の8カ所の山は昔から村々の入会地であり，各村が山税を地元長谷堂村に納めてきました．そして，各村が区域を定めて山に入り会い，小柴・株を伐採して薪や肥料にしてきました．もし当該の山への入会ができなければ，各村は薪や株を得ることができず，農業や家の相続に支障をきたしてしまいます．

　　ところが，狸森村は，昔から他村同様長谷堂村に山税を納め，すべて長谷堂村の許可を受けてきて，長谷堂村が当該山の地元であることはよく知っているにもかかわらず，ただ狸森村が当該の山に近接していることを幸いとして，長谷堂村に対して訴訟を起こしたのです．

そして，宮城控訴裁判所で主張が却下されたあとは，山形県庁に出願を行っています．この係争中は当該の山を拝借（借地利用）することができず，山に立ち入ることもできないため，各村の困難は名状しがたいものとなっています．

狸森村だけは当該山以外にも薪・秣を採る山があるので，1カ村だけいわれのない主張を続けているのです．そのために，当該山からもっぱら薪・秣を得ているほかの各村は山の拝借を出願できず，まことに困難に堪えません．

よって，速やかに，狸森村による地元長谷堂村に対する故障（異議）の申し立てを却下し，各村から拝借の出願ができるようにしていただきたく，ここに嘆願するしだいです．

長谷堂村をはじめとする入会村々が8カ所の入会山（狸森村との係争地）を利用するためには，山形県に山の拝借願を提出して許可を受ける必要があった．しかし，狸森村が拝借願（柴草刈取願書）に連署しないため，拝借願が提出できないのである．この問題は，なかなか解決しなかった．

そこで，長谷堂村など7カ村（長谷堂・片谷地・谷柏・津金沢・二位田・前明石・菅沢．小白府村は不参加）は，1888年10月2日に，狸森村を相手取って山形始審裁判所に訴え出た．今回は地籍の帰属ではなく，山の入会利用を争点としたのである．

山形始審裁判所は，1889年3月7日に，長谷堂村など7カ村の勝訴とする判決を出した．「狸森村は柴草刈取願書に連署せよ」ということである．

入会利用については狸森が敗訴

狸森はこれを不服として，1889（明治22）年5月7日に，宮城控訴院（宮城控訴裁判所の後身．現在の高等裁判所に当たる）に控訴した．そこで，狸森は次のように主張している．

この訴訟は，「入会権妨害事件」に対する山形始審裁判所の判決を不服として控訴するものです．

係争地が原告村（狸森）に所属する土地であることは，証拠によって明白

です．そこで，1882（明治 15）年 9 月 8 日の宮城控訴裁判所の判決にしたがって，ただちに山形県に対して行政処分を求めました．

　それについては現在も取調べ中であるにもかかわらず，山形始審裁判所が不当な判決を出したため，原告の権利を回復すべく，ここに控訴いたします．

　なお，1889 年 4 月 1 日に市制・町村制が施行され，狸森村は小白府村と合併して山元村となり，長岡與平が初代村長になった．一方，長谷堂村は二位田村など 3 カ村と合併して本沢村となり，杉村則知が初代村長になった．狸森村は山元村大字狸森，長谷堂村は本沢村大字長谷堂となったのである．

　控訴審の判決は 1889 年 7 月 8 日に言い渡されたが，それは次のような内容だった．

　原告（狸森）の主張は，以下の通り．

　　被告（長谷堂など）は，係争地の芝草山など 8 カ所は古来原告・被告の入会山であり，このたび柴草伐採を山形県に出願しようとしたところ，原告が願書に連署せず出願を妨害しているので，これを排除したいと主張している．

　　しかし，係争地の地籍については，現在，山形県庁において取調べ中である．このように地籍が未確定であるにもかかわらず，被告が係争地を長谷堂の地籍として出願（山の拝借，柴草刈取の出願）しようとするのは不当である．原告は，そこを狸森の地籍として出願するのでなければ，出願に同意することはできない．

　これに対する被告の主張は，以下の通り．

　　被告の要求は，従来の慣行にもとづいて，係争地における柴草伐採の願いを出したいというものであり，これは地籍のいかんには関係ないことである．よって，原告は被告の出願への妨害をやめるべきである．

　　もし，原告が，そこが係争地であることを理由に連署を拒むというのであれば，それについては願書に係争中の旨を付記すればすむことである．よって，原告が連署を拒む理由はない．

　　以上の双方の主張を受けて，裁判所では証拠審理や口頭弁論を行った結果，以下のように判断する．

係争地の地籍については，行政上の処分によって決定されるべきものである．また，地籍と入会とは元来別の問題であり，両者を混同すべきではない．係争地は官有地であるから，そこが原告・被告どちらの村の地籍であっても，入会権には関係がない．被告が原告に連署を要求している入山願書に，係争地が長谷堂の地籍だと記載されていても，それは現時点でそこが長谷堂の地籍となっているので，そのように記載してあるにすぎない．したがって，それをもって被告の要求を拒否する理由とすることはできない．

よって，山形始審裁判所の判決は妥当であり，取り消すべき理由はない．なお，訴訟費用は原告の負担とする．

このように，控訴審でも狸森の敗訴であった．この判決も，先の地籍をめぐる裁判における1882年9月8日の宮城控訴裁判所の判決と同様に，地籍の帰属が地元村にとってどれだけ重大問題かということを理解していない．

ともあれ，この判決によって，入会利用に関しての司法判断は確定した．その後も，狸森はいろいろと抵抗したが，結局1890年11月1日に，長谷堂・狸森など8大字の総代が連署して，山形県知事に，1890年から1894年まで官有山での小柴の刈取許可を求める上申書を提出するにいたった．

この上申は1890年11月7日に許可され，村民たちは利用料を支払うことで，ようやく入会地に入山することができるようになった．

その後，1894年には入山期間が終了するため，同年9月21日に，長谷堂・狸森など8大字の人民総代は，さらに1895年から1898年までの入山期間延長を申請している．

本筋の地籍争いでも山元村が敗訴

こうして，入会利用に関しては一応解決し，村々は元通り山に入ることができるようになったわけだが，官有地である入会地の地籍問題については依然未解決のままだった．

地籍については山形県において取調べが行われていたわけだが，1891（明治24）年1月28日になって，県は「この問題については南村山郡参事会の裁決を求めよ」という通達を出した．問題の解決を，郡参事会に委ねたのである．

70

　そこで，1894年11月26日に，山元村村長川合仁三郎は，本沢村村長杉村則知を相手取って，両村の境界の確定を求めて南村山郡参事会に提訴した．

　ここで出てくる郡参事会とは何か．1890年5月，郡制が公布され，郡は府県と町村の中間の自治体とされた．これを受けて，山形県知事長谷部辰連は1891年4月から郡制を施行した．郡には郡長や郡職員がおり，郡会という議会が置かれ，さらに郡会の上に郡参事会が置かれたのである．

　今日も郡という名称は存在するが，それは一定の区域を指し示す呼称として住所表示に用いられたりするだけであり，そこに職員や議会は存在しない．それが，当時と現代との違いである．

　郡参事会は郡長と名誉職参事会員4名で構成された．名誉職参事会員4名中の3名は郡会議員のなかから互選（お互いのなかから選挙で選ぶこと）で選ばれ，あとの1名は県知事が郡会議員もしくは郡内の公民のなかから選任した．郡参事会は郡政の全般を議論し，郡当局が郡会に提出する議案の原案審議にあたった．1900年には，郡参事会員が5名となり，全員が郡会による選出になった．

　そして，郡参事会は，1900年2月25日に裁決を下したが，それは次のような内容であった．

　　　原告（山元村）の主張が成り立つためには，係争地が現在被告（本沢村）の地籍に編入されているのは錯誤等によるものであることを立証する必要があり，その挙証責任は原告側にある．
　　　しかるに，原告が提出した証拠書類から原告の主張を立証することはできない．したがって，両村の境界が原告の主張通りであるとは認められない．
　　　よって，原告の請求は却下する．

　これは，山元村（実質的には山元村のなかの大字狸森）側の敗北である．この裁決に承服できない山元村は，1900年3月9日，山形県参事会に上訴した．今度は，郡の参事会の上位にある県の参事会の判断を求めたのである．

　山形県参事会は，1903年8月17日に裁決を下し，「山元村が提出した証拠書類から，同村の主張を立証することはできない．よって，南村山郡参事会の裁決を取り消す必要は認められない」とした．県参事会においても，山元村の主張は

認められなかったのである.

行政裁判所に最後の望みを託す

そこで，山元村は，最後の手段として行政裁判所に訴え出た．行政裁判とは地方行政庁の裁決に不服があるときに起こすもので，再審のない 1 度限りの裁判である.

1903（明治 36）年 9 月 7 日，山元村村長田代栄七は，東京の弁護士 3 人を訴訟代理人に立て，本沢村村長杉村則知を相手取って，次のような訴状を行政裁判所に提出した.

> この訴訟において，原告（山元村）が争おうとしている地籍は，二ツ森山・土井釜山・黒森山・会沢山・ゑぼし山・大ころし山・梅平山・芝草山・今内山・倉角山の 10 カ所です．これらの山々が現在官有地であることは，原告・被告（本沢村）とも認めています.
>
> そのうえで，被告が主張する両村の境界線が正しいとすると，原告村の大字狸森には山野がまったく存在しないことになり，これは古文書の記載と矛盾します.
>
> また，係争地のなかには，原告村の地籍に属する山林・田畑・宅地が入り交じって存在しています．なかには，係争地が原告村の土地によって周囲を囲まれている所もあります．したがって，被告の主張を認めれば，両村の境界が不明確なものになってしまいます.
>
> これに対して，原告が主張する境界線によれば，係争地の山々はいずれも原告村の地籍内に存在することになり，また係争地とその間に点在する原告村の土地とは一体となって，両村の境界は明確なものになります.
>
> さらに，原告の主張する境界線は山の峯通りや沢をもって境界とするものであり，一見して自然な境界であることがわかります.
>
> 原告は，ただ自然地形だけを正当性の根拠としているわけではありません．狸森と隣接する各町村の帳簿や図面にも，係争地は狸森と各町村との接続地（境を接する土地）として記載されています．また，1684（貞享元）年以降の各種古文書からも，係争地が江戸時代以来狸森の地籍であったことが明ら

かです.

このように, 係争中の官有地（官山）は, いずれも古来, 原告村の大字狸森が支配してきたことが明白であるにもかかわらず, 地租改正作業の際, 被告村は勝手にこれらの山々を自村の地籍に編入してしまったのです.

原告村は, 1880（明治13）年以来, あらゆる方策を用いて被告の不法性を訴えてきましたが, 現在に至るまで目的を達することができていません. 山形県参事会も原告の主張を退けるに及んで, 行政裁判所に地籍の回復を出訴するしだいです. どうか, 山形県参事会の裁決を取り消してください.

このように, 山元村は, 現地の実情と証拠書類の存在を根拠に, 自らの正当性を主張している.

なお, 1764（明和元）年の狸森村の「明細帳」には, 今内山・倉角山が御林, 二ツ森山・土井釜山・黒森山・会沢山・ゑぼし森山（ゑぼし山）・大ころし山・梅平山が入会山とある. そして, 入会山からも山漆の実や萱を領主に上納している.

また, 同年の長谷堂村の「明細帳」にも, 芝草山・二ツ森山・土井釜山・黒森山・藍（会）沢山・ゑぼし森山・大ころし山・梅ケ平（梅平）山が長谷堂・狸森など各村の入会山だとある.

すなわち, 係争地の山々は両村の「明細帳」にともに記載されているのであり, これも争いが長期化する一因となっていた. 自村の「明細帳」に記載されている以上, そこは自村の地籍であるとして, 両村とも譲らなかったのである.

上記の原告の訴状に対して, 被告本沢村は2人の弁護士を立てて, 1903年11月12日に答弁書を提出した. その要点は, 以下の通りである.

被告側としては, 原告の請求を棄却していただきたいと存じます. 原告が両村の境界の変更を求めているのは, それによって係争地を自村の地籍内に編入するためにほかなりません. しかし, 原告は自らが主張する境界線の妥当性を証明し得る証拠をただの1点も提出していません.

原告は, 被告の主張する境界線を採用すれば, 両村の境界が不明確になると主張していますが, 現在においても両村の境界ははっきりしています. 隣り合う村落間において相互の地籍が多少入り交じることは全国一般の通例で

あり，むしろ地籍が整然と区画されていないことこそが古来よりの境界の特徴なのです．よって，原告の主張は根拠のないものです．

また，原告は，狸森と隣接する各町村の帳簿や図面を証拠としてあげていますが，これらはいずれも確かな根拠を有するものではありません．さらに，原告が提出した江戸時代以来の諸書類は，いずれも原告の主張を裏付ける効力をもつものではありません．よって，速やかに原告の請求を棄却していただきたいと存じます．

ついに最終決着を迎える

双方の主張を受けて，以後，行政裁判所においては，証拠書類の検討や口頭審問が行われていく．そして，1905（明治38）年12月4日に，ついに行政裁判所の判決が出されたが，それは次のようなものだった．

> 原告が提出した証拠書類（江戸時代の明細帳や絵図）によれば，係争地は古来狸森の地籍であると認められる．他方，被告が提出した証拠書類（こちらも江戸時代以来の文書類）によっては，係争地が長谷堂の地籍内であることを証明することはできない．
> たとえば，被告が提出した1728（享保13）年の「山方差出帳」には，係争地のうち今内山と倉角山が「狸森村御林」と記載されているが，これは被告の主張の裏付けとはならないばかりか，逆に原告の主張を補強するものである．ほかの被告側提出書類もみな同様に，被告の主張を立証するものではない．よって，係争地が古来よりの長谷堂の地籍だと認めることはできない．
> したがって，係争地たる10カ所の山は原告山元村内の地籍とする．なお，訴訟費用は被告の負担とする．

このように，行政裁判所では，山元村の逆転勝訴となった．山元村が提出した証拠書類を精査した結果，山元村の主張に理があると判断されたのである．この判決によって，長年にわたる争いはようやく最終的に決着した．ただし，以後も長谷堂などが係争地に入り会うことには変わりなかった．

狸森には，今も「樹勲碑」と記された石碑が建っているという．石碑は，狸森

の須刈田という部落の西はずれの鎌沢と呼ばれる場所にある．文字は，高橋泥舟（勝海舟・山岡鉄舟と並ぶ「明治の三舟」の 1 人）の筆になるものである．裏面には，「長岡與平と有志者のため，山元村民一統が 1889（明治 22）年 4 月 1 日に建てた」とある．

1889 年といえばまさに係争の真最中，長岡與平は山元村の初代村長として訴訟での奮闘を期待された人物である．この碑は，山元村の「樹林」を守るために，長岡與平ら訴訟の中心メンバーが「勲功」を立ててくれることを願って建てられたものであろう．当時の村民の思いを偲ばせる記念碑は，今もひっそりと歴史の証言者として建ち続けている．

3 山野から明治維新を考える

明治維新における変化

以上，明治期の山争いのありようについて，狸森・長谷堂両村の事例にもとづいて具体的に述べてきた．そこからわかった点をまとめておこう．

江戸時代から明治時代にかけて，国民の大多数を占めた百姓（農民）たちにとって，山野は死活的重要性をもっていた．山野は食料・燃料・肥料・建築用材などを得る場であり，薪・炭の販売は百姓（農民）たちに現金収入をもたらした．

この山争いでは，狸森・長谷堂両村とも，係争地の一部（今内山・倉角山など）が江戸時代には領主の御林であり，明治以降は係争地全体が政府の官林（官有地）となったことを認めていた．そのうえで，両村とも，そこが自村の領域内（テリトリー）だと主張して争ったところに，この事例の特徴がある．

御林を村人も利用してきたという点では，両村とも同様の主張をしている．すなわち，江戸時代の御林は，領主の独占物ではなく，官民共用の場だったのである．「山税」（「木実税金」，山漆実役）上納は，村にとって負担であると同時に，利用権の保証にもなった．そこで，村側も，「山税」上納にはあえて異議を唱えなかったのである．負担と権利は表裏一体であった．

江戸時代において，林野は私的・独占的所有・用益が困難な「公私共利の地」という側面と，村などの集団の固有のテリトリー（領有地・なわばり）という側面の双方を有していた．村は，自村のテリトリーはしっかり確保したうえで，そ

こでの村外者の多様な利用を許容していた．御林であっても，そこが自村のテリトリーであれば，村人たちはそこから草木を採取できたのである．そうしたところに，固有の時代的特徴があったといえる（渡辺　2017）．

しかし，そうしたあり方は，明治維新によって大きく変化した．地租改正をはじめとする明治政府の新政策が村に与えた影響には，多大なものがあった．

江戸時代には，隣り合う村どうしでも，山野の権利関係については異なる理解をしている場合がままあった．実際，本章の事例でも，狸森・長谷堂両村が，同じ山野を，いずれも自村の領域だと考えていたのである．

江戸時代には，それでも大きな問題はおきなかった．むしろ，両村が山野の権利関係を曖昧なままにしておくことによって，深刻な衝突が回避されてきたともいえる．お互い自村に都合のいいように解釈しながら，それを相手には強制しなかったのである．「触らぬ神に祟りなし」である．それが，明治政府の地租改正などの新政策によって，地籍の所属を明確化する必要に迫られたために，争いがおこったのである．

明治維新の意味は，けっして支配層内部の権力交代だけに限定されるものではなかった．支配者は代わったが，村の暮らしは何も変わらなかった，というわけではない．明治維新が，村の林野利用に与えた影響は非常に大きかったのである．

訴訟において，両村は，文書史料と現地の景況にもとづいて自村の正当性を主張した．幕府の「裁許絵図面」や「明細帳」など各種の文書が裁判所に提出された．また，係争地の地理的位置についても問題にされた．正当性の根拠は，江戸時代以来の証拠文書と現地の状況の双方に求められたのである．

所有と利用の関係を考える

狸森・長谷堂両村の争いは，林野の所有権（狭義の所有）ではなく，地籍の帰属をめぐるものであった．係争地は，それまで民有地であった形跡がない（売買・譲与など地盤の取引がなされた証跡がない）として官有地とされたが，両村ともそれには異論を唱えていない．

両村の争いは，そこが官有か民有かというレベルでの所有権をめぐる争いではなく，そこがどちらの村の領域に属するかをめぐるものであった．山野の官民有区分も村にとって重要ではあったが，隣村との境界のほうがさらに重大事だった．

村の領域とは，官有・民有とはレベルの異なる，もう一つの所有（広義の所有＝領有）に関する問題だった．どこまでが自村の領域かというテリトリー（領有権）争いは，村人たちにとってけっして譲ることのできない大問題だったのである．

村人たちにとっては，名目上の所有権よりも，実際の利用権・収益権のほうが大切だった．山野が名目上官有地になっても，そこでの薪や秣の採取が続けられることこそが重要だった．実際，江戸時代には御林は官民共用の地として村人たちの利用が認められていた．そうした伝統を背景に，明治以降も官有地の利用は可能だと考えて，村人たちは官有地編入に当初目立った異議を唱えなかったのである（ただし，官有地編入に不満がなかったとはいえないが）．

村人たちは所有権より用益権を重視しており，用益権確保のために所有権を問題にしたといえる．そこを実際に利用する者が所有者だという意味で，村人たちのなかで利用と所有（村の領域という意味での広義の所有＝領有）は密接に結びついていた．現代のように，実際の利用とは切り離して，利潤獲得のために土地を取得・所有・売買するという発想は，江戸時代・明治時代の村人たちには基本的になかったのである．

現代では，所有と利用は原理的に切り離されている．現実に土地を利用しなくても，所有することはできる．そして，そうしたあり方が，利潤獲得目的の土地取得（地上げなど）や，都市部の空き家問題（空き家が防災・防犯上問題でも，所有権の壁があって行政が対処できない），農村部の耕作放棄地問題（耕作放棄された農地を集落や地域で有効活用しようとしても，所有者の同意がなければ実行できない）を生んでいる．

そこでは，所有権の保護と土地の公共的有効利用との兼ね合いが問われているといえる．そうした問題を考えるとき，所有と利用が分かちがたく結びつき，村がその両者をコントロールしていた江戸・明治の経験を振り返ることには十分な意味があるだろう．

明治維新期には，山野荒廃の危機が訪れた．体制の転換にともない，村々の争いも頻発した．しかし，その対立を乗り越えて，山野の維持・保全を実現したのも村人たちの力であった．村人たちは，自然・環境保護を自己目的にしていたわけではない．自らの生活を守り発展させることが目的だった．ただし，そのためには山野の永続的な利用が不可欠であり，だからこそ山野の環境保全に力を注い

だ．それが，結果的に山野を保護することにつながったのである．村人たちは，山野を利用しつつ保全していた．保全のための保全ではなく，利用のための保全だったといえる．

その過程では，本章でみたような対立もおこった．山野をめぐる村々・人々の関係はけっしてつねに矛盾なく予定調和的だったわけではない．しかし，村人たちと司法・行政当局の努力によって，対立は解決・克服され，安定的な秩序が再建された．そうした先人たちの努力とたたかいの軌跡を文書史料から復元し，未来に伝えていくことが求められている．

文献一覧
岩本純明
　　2012「日本の森林管理制度と林業技術」，杉原薫ほか編『歴史のなかの熱帯生存圏』（京都大学学術出版会）．
江口哲夫編
　　1975『入会官山の地籍争い──山形県旧，山元村大字狸森の記録──』，山形：郁文堂出版部．
斎藤 修
　　2014『環境の経済史』，東京：岩波書店．
山形県編
　　1975『山形県史　本篇6　漁業編・畜産業編・蚕糸業編・林業編』，山形：山形県．
渡辺尚志
　　2017『江戸・明治　百姓たちの山争い裁判』，東京：草思社．

第5章 コレラ流行と「自衛」する村落社会

1882（明治15）年の宮城県牡鹿郡を中心として

竹原 万雄
Takehara, Kazuo

1 コレラ流行という危機 ── 問題の所在 ──

　19世紀の日本に多大なる危機をもたらした病気にコレラがある．コレラは，1822（文政5）年にはじめて西日本方面で流行し，1858（安政5）年からは3年間にわたって全国的な大流行をもたらした（立川1971）．明治維新後，再び流行の兆しをみせたのは1877（明治10）年であった．それ以降，頻繁に流行を繰り返し，そのたびに多くの患者と死者をだした．表1は維新後における流行年の患者数および死者数と致命率を整理したものである．この数値をみただけでも，コレラ流行がもたらす危機的状況がうかがえよう．

　10万人以上の死者をだすコレラに対し，明治政府は警察を中心的な実務者としながらときに強行的に予防を実施した．しかも，その内容は欧米から導入した隔離や消毒であり，地域住民にとっては前近代にはみられない未知なる対応であった．その結果，明治期に入ってはじめて全国的な流行を経験した1879（明治12）年は，予防実務者と地域住民が衝突する「コレラ騒動」が各地で頻発した（鹿野2004）．

　「コレラ騒動」は，明治政府による予防に反発する地域住民の行動や意識が如実に表れることから注目を集め，そこから前近代以来の伝統医療に依拠する地域住民の動向，あるいは流行後の衛生政策の展開，さらには文明開化や新政反対一揆，自由民権運動といった政治的・社会的背景と関連させながら多様な研究が蓄積された（大日方1978，杉山1988，奥1993，阿部1995など）．こうした「コレ

表1　明治時代におけるコレラ流行時の患者数・死者数・致命率

年代	患者数	死者数	致命率
1877（明治10）年	13,816 人	8,027 人	58.0%
1879（明治12）年	162,637 人	105,786 人	65.0%
1882（明治15）年	51,631 人	33,784 人	65.4%
1886（明治19）年	155,923 人	108,409 人	69.5%
1890（明治23）年	46,019 人	35,227 人	76.5%
1895（明治28）年	55,144 人	40,154 人	72.8%

出典）各年の『衛生局年報』より作成.

ラ騒動」研究をはじめ，19世紀後半のコレラ流行をめぐる研究では，予防を推進する実務者と地域住民の対立面が多くとりあげられた．しかし，県から郡，町村へとコレラ流行下の人々の行動を具体的に追ってみると，村落社会ひいては自らの生命を守るべく「自衛」に努める姿があらわれてくる．そこには，行政の対策を補完する一方，単に「対立」という言葉で片付けては見落としてしまうような問題も含まれていた．たとえば，石居（2016）では「死体汚物焼埋場」の設置をめぐり，感染の危険にさらされる隣接町村の人々が反発した事例を紹介し，「それは，衛生行政が規範を示すなかでくり返し説いてきた臭気・煙による感染の危険性であり，人々はそれを逆手にとって，行政が求める「死体汚物焼埋場」の設置に反対しようとしている」ことを指摘した．こうした行政の論理を逆手にとるような行動にも注視する必要があるであろう．

　そこで本章では，コレラ流行という危機的状況下で積極的な「自衛」を試みる村落社会の姿の一端を明らかにする．その際，郡・県全体の感染予防を担う行政との関係に注目するとともに，現代社会につながるような感染症をめぐる問題も展望したい．

　これらの分析をすすめるにあたり，1882（明治15）年における宮城県牡鹿郡の事例を中心にとりあげる．先行研究によると，「コレラ騒動」の発生件数は1879（明治12）年に集中しており，それ以降は減退する（杉山1988，鹿野2004）．しかし，宮城県は1879年の全国的な大流行を患者91人，死者44人にとどめ（内務省衛生局編1992），1882（明治15）年に本格的な流行を経験した特異な地域であった．そのためか，1882年の流行時にも行政と衝突する事件が県内各地で起こっている．そこで，宮城県を事例とすることで1879（明治12）年に

頻発した「コレラ騒動」とは異なる新たな「対立」の側面を見出したい. 加えて, 隣県である山形県の事例もふまえ, その分析内容を深めることとする.

　宮城県のうち牡鹿郡を特記するのは, 歴史資料の保全活動から『宮城県牡鹿郡虎列刺病流行紀事』(石巻市寄託. 以下, 『牡鹿郡流行紀事』と略す) を発見したことによる. コレラが流行した年には, 内務省衛生局がその流行状況をまとめた『虎列刺病流行紀事』を作成する. この文書は, まず各府県がそれぞれの流行状況をまとめて提出し, それらの情報をふまえて衛生局が整理したのであろう. 各府県が作成したものについては, それ自体が『○○県虎列刺病流行紀事』といったかたちで伝存したり, 衛生局の『虎列刺病流行紀事』のなかに「附録」としてその要項が掲載されることもある. そのため, 県レベルの『虎列刺病流行紀事』は知られているが, 『牡鹿郡流行紀事』のように郡レベルのものが発見されることは珍しいのではなかろうか. そこで, 本史料の情報を積極的に活用しながら郡・村レベルの予防活動に迫りたい.

　なお, 本章は竹原 (2010, 2012, 2015) のなかで論じてきたものを, 「自衛」する村落社会という視点から再整理し, 新たに山形県の事例を加えて内容の充実をはかったものである. そのため, 本章で明らかにした各論点に関する先行研究への位置づけについては各論文を参照していただきたい. また, 本文中での史料引用は読みやすいよう現代語訳し, 番号や下線を付した.

2　1882 (明治15) 年までのコレラ対策

　1879 (明治12) 年のコレラ流行以降, 明治政府は衛生政策を急速に整備した (厚生省医務局編 1976, 内閣記録局編 1979a・b). まず, 同年12月のうちに府県に「衛生課」と「地方衛生会」の設置を指示した. 前者は, 衛生事務を専任とする機関であり, 後者は衛生課長に加え医師・公立病院長・警察・府県会議員などによって構成され, 「地方衛生の全体を視察し, 人民の健康を保持増進」することを目的とした機関である. さらに町村には戸長を助けて衛生事務を取り扱う公選の「町村衛生委員」を置くことにした. これら三者は, 「官民」が対立したコレラ流行時の動向をうけて, 「官民」が協力する衛生政策を目指したものであった.

　翌年には, コレラに加え腸チフス・赤痢・痘瘡などを含めた「伝染病予防規則」

を制定し，総合的伝染病予防法規が成立した．さらに同規則の附属法規として「伝染病予防法心得書」も定められ，そこでは伝染病ごとに清潔法・摂生法・隔離法・消毒法が丁寧に説明されている．こうして，地方衛生行政機関と伝染病予防をめぐる法令が整えられたのである．

　加えて，宮城県では 1880（明治 13）年に「虎列刺病予防手続」を発布した（宮城県 1975）．同手続は，全 67 条にわたって予防内容を詳細に説明している．そこには，患者宅の門戸に病名票を貼付あるいは患者を避病院（隔離病院）へ送り隔離することや，患者が接触したモノの消毒・焼却，吐瀉物や汚わい物の処理方法などが定められていた．また，これらの事務を担う者は主に警察と衛生委員とされていた．

　こうしてコレラ対策が整備され，1882（明治 15）年のコレラ流行をむかえることになる．表 1 からわかるように，1882 年は 1879（明治 12）年・1886（明治 19）年に比べると患者数・死者数は少ない．しかし，1879 年の流行をまぬがれた宮城県にとってははじめて経験する本格的な流行であった．同県の患者数は 3,977 人，死者数は 2,361 人であり，患者数でいえば東京についで全国 2 位，死者数は 3 位の数値であった（『明治十五年虎列刺病流行紀事』国立国会図書館蔵）．なお，宮城県各郡区の位置関係については図 1 を参照していただきたい．

　宮城県の流行は，7 月 18 日に亘理郡荒浜の漁夫が発病したことに端を発し，間もなく仙台区に伝播，12 月 13 日の消滅をむかえるまでに県内全郡区で患者が発生した（『明治十五年虎列刺病流行紀事附録』国立国会図書館蔵）．荒浜でコレラ患者の発生を知ると，警部長・衛生課長が出張し，検疫事務所を設置して巡査と村吏，衛生委員などを指揮した．その後も伝播がすすむにともない，県庁内には検疫事務を総理する「検疫事務局」，各郡区にも「検疫事務所」が設けられ，さらに臨時巡査を 225 人，医員を 68 人，検疫掛を 67 人も雇入れている．

　また，当時の総合的な予防制度は先述した「虎列刺病予防手続」を基本としたようであるが，補完する布達なども数多くだされた（『明治十五年　本県達丙』宮城県公文書館蔵，「宮城県国史（明治一五年）政治・制度部」『府県史料　第二〇巻』マイクロフイルム版）．とくに流行が各郡へと広がりをみせるようになった 7 月 31 日には，3 種類の達が同時にだされている．第 1 は，先述した県庁と各郡区に置かれた「検疫事務局」および「検疫事務所」の事務規程である．第 2

図1　宮城県全体図
出典）平凡社地方資料センター編 (1987) 掲載,「宮城県（旧郡域・現郡市町村域対照図）」より作成.

の「警察事務心得」では，巡査の役割として病家の交通遮断，避病院の取り締り，避病院・火葬場へ送る際の護送，さらには「時々持場を巡回し，コレラの隠蔽がないかを視察し，不潔物などに注意すること」などとあり，予防の各所で巡査が登場している．第3は「避病院規則」であり，避病院の諸事務に関する細かな規定に加え，院長・院医・薬局長・庶務係などの役割を示した「避病院処務規程」および「看護人心得」が定められた．

　以上のように，流行がすすむにつれて県としての予防体制も整備されていった．それでは，牡鹿郡をはじめとする流行現場ではどのような対応がなされたのであろうか．

3　有志の活動　── 行政対策の補完 ──

　宮城県の「府県史料」のうち『宮城県国史　明治十五年分』には1882（明治15）年のコレラ流行について「虎列刺病毒発生の原因」「伝染の緩急」「流行の進路」「消費の金額」などが詳しく記載されている（「宮城県国史（明治一五年）政

治・制度部」『府県史料　第二〇巻』マイクロフイルム版).そのなかには各郡区の対応が以下のようにまとめられている.

　　各郡区で実施した事務の概況をあげると,患者発生の報告があると直ちに郡区吏および医員・巡査などが実地に臨み,村吏・衛生委員を指揮して予防消毒法を実施させた.また,自ら手を下して排泄物・汚わい物などを処置し,あるいは死屍を火葬する手続きをし,なおかつ人家稠密の地では療疫所を設置し,火葬場を定め,飲料水を選ぶことなどの事務につとめた.さらに,病勢が猖獗を極めた場合は,郡区長をはじめ書記・警部・巡査・医員などは通常の事務を止め,昼夜奔走して撲滅に尽力した.

　ここから各郡区では,郡区長をはじめ郡区吏・医員・巡査らが予防に尽力したことはわかるものの,その具体像はいまだ不明確といわざるを得ない.そこで『牡鹿郡流行紀事』から,より具体的な郡の対応を探ってみよう.図2に牡鹿郡各地の位置関係を示したため,適宜参照していただきたい.

図2　牡鹿郡全体図
出典）平凡社地方資料センター編(1987)付録,「輯製二十万分一図」より作成.
本章で頻出する地域の文字を白抜きにした.

牡鹿郡の死者数は 244 人であり，仙台区の 409 人，宮城郡の 254 人につぐ数値
であった．牡鹿郡では 7 月 26 日に石巻村で最初の患者が確認され，終息したの
は 11 月 6 日であり，およそ 100 日もの間，コレラが流行していた．最も患者数
が多かったのは石巻村で 96 人，続いて根岸村で 64 人，近隣の門脇村・湊村にも
20 人以上の患者が発生した．患者発生の原因としては，不良の飲食物が主とし
てあげられていた．

　このような牡鹿郡内での流行を受け，郡ではまず患者が発生した 7 月 26 日の
翌日に衛生主任書記が現場に向かっている．患者は仙台区から来た土方稼ぎで，
多くの人たちと下宿していた．そこで，その日のうちに石巻村の役場に仮の病室
を設けるよう指示し，さらに患者が発生したことを郡内の村長に連絡した．次の
日には患者を仮病室へ送るとともに，本吉・登米・桃生・宮城の各郡へ患者が発
生したことを報告し，県には検疫事務所開設の許可を申請した．

　しかし，7 月 29 日には給分浜，8 月 1 日には月浦で患者がでてしまう．石巻村
と門脇村でも患者は増える一方である．そこで他地域からの感染を防ぐため，門
脇村の北上川河口で仮に入船検査をすることにした．県へ申請していた検疫事務
所は郡役所内に開設されることとなり，8 月 13 日には石巻・門脇両村の共立避
病院を開院した．さらに 24 日には根岸村に検疫事務出張所が設けられた．

　そうしたなか，いまだ患者が発生していない村へ医員を派遣し，摂生や掃除な
どの重要性を説明する演説会を開催した．その際，各村で演説会を開催する日に
ちや医員名を伝え，1 戸から 1 人は必ず参加するよう指示している．また，すで
に患者が発生している村には検疫委員などを巡回させ，予防法や治療法を奨励し
た．

　その他，人々の生活を規制するような法令もだされた．たとえば，神仏に祈る
ことでコレラを逃れようと鉦や太鼓を打ち鳴らすような行為に対し，人が集まる
ことでかえって感染が拡大してしまうことを注意している．また，盂蘭盆で餅・
団子・冷麦などを仏様に供え，それを食べるようなことも禁止された．こうして
9 月 14 日にはようやく根岸村の検疫事務出張所が閉鎖され，16 日には船舶検査
も廃止された．郡役所の検疫事務所が閉鎖されたのは 9 月 20 日であった．

　このように，郡では避病院設置から医員の派遣，検疫委員などを巡回させて予
防・治療環境を整えるとともに，演説会の開催，感染リスクを高めるような行動

を規制するなど，コレラから管内を守る司令塔の役割を果たしていたようである．

　続いて村レベルでの対応をみてみたい．『牡鹿郡流行紀事』には流行の兆候を危惧した石巻村・門脇村の対応として以下のように記されている．

　　石巻村・門脇村では病毒がますます盛んになることを予知し，合同一致して議会を興した．そこでは，義金の徴収・予防薬の購入・避病院を建築することを議了した．また，内部一切の保護監督を郡役所に委託することを申請した．郡役所も両村人民のために対岸の火とするわけにはいかないため承諾した．

　この議会と関連すると思われる記事が1882（明治15）年8月9日の『陸羽日日新聞』に掲載されていた．その内容は以下の通りである．

　　石巻では，この頃，コレラで斃れ，2〜3名の類似症患者が発生しており，その内1名は直に亡くなってしまった．すると，①有志者は病毒の蔓延を恐れ，郡村吏・村会議員などと予防方法を協議した上で，②港民中の中等以上の者には別途に協議費を増課し，予防費にあてることに一決した．結果，金2,000余円を得て，③即日警察官に依頼し，巡査数名を増し，十分に予防の手当をした．さらに石炭酸を数百瓶買い入れて，消毒に遺憾がないようにし，村内適当の地を選んで清潔な避病院を新築し，また市中の下水・芥溜などの掃除を厳密にし，予防は行き届いている．

　この記事では門脇村はなく「石巻」とのみあるが，内容から先述した議会のことを報じているものとおもわれる．すなわち，石巻では患者が発生すると，①有志者が郡村吏・村会議員などと予防方法を協議した．その結果，②「中等」以上のものから徴収した「協議費」を予防費に充てることとし，2,000円余を集めた．協議費とは，「地方税規則」において「各町村内あるいは区内で必要な費用は，その区町村の人々の協議に任せることとし，地方税で支弁するものではない」と定められたものであり（『法令全書』1878年），村内で必要に応じて徴収・消費するものであった．さらにこの予防費を用いて，③巡査の雇用・消毒薬の購入・避病院の新築・掃除の励行を実施したとある．ここで注目したいのは，有志者の

参加を得ながら予防方法について協議し，「中等」以上のものから協議費として予防費を集め，具体的な予防にあたったという点である．ここから，予防を実施するにあたり有志者が重要な役割を果たしていたことがうかがえる．

この点と関連して，8月28日の記事をみてみたい．

牡鹿郡渡波の近況　〇①仮避病院は入院患者が多く手狭であるため，さらに1棟を増築し，軽・重・快方の3室とする見込で，費用も既に集まっている，〇②巡査は村費増員で8名になった．屯所長の早坂某は勤勉な人で，よく事務をとり，駅民は感服している，〇③駅内貧困の者でコレラに罹った時は金若干をだして救助する．その費用を村費で担うのは駅民の義務であると，それぞれ奮発している，〇④小学校教員の戸板次郎・山田文平・戸板巍の3氏は金若干を予防費として寄付した．

この記事では牡鹿郡渡波の近況がまとめられている．そこには，まず①仮避病院の増築を計画しており，その費用も徴収済とある．続いて，②村費で巡査を増員し，③貧困者がコレラに罹患した場合は救助金をだすとあり，しかも「村費で担うのは駅民の義務」としている．加えて，④小学校教員が予防費を寄付したとある．このように，渡波でも有志による寄付が予防費として使用されていたことがわかる．

さらに9月13日の記事にも渡波について報じられている．渡波ではコレラが流行するなか，漁業を停止して予防に尽力しているため，なかには貧困で朝夕の食事さえままならない者がいる．それは実に不愍であるとし，有志者はそれぞれ出金して貧民を救助し，その金額は216円50銭になったとある．以上のように，予防に関係する費用は村が担っており，そこには有志が多分に関与していたことがうかがえる．

この費用の問題と関連して，コレラ流行時に県がどのように予防費を確保していたかをみてみたい．1882(明治15)年当時，府県が徴集する税は「地方税」であった．この地方税で支弁すべき費目として「衛生及病院費」があり，そのなかに「流行病予防費」も含まれていた．ところが，宮城県令から内務卿・大蔵卿にだされた「本年度地方税臨時増費収支予算決議について御届」(『明治十五年　庶務綴』

宮城県公文書館蔵）によると，同年度の「流行病予防費」はわずかに878円75銭であり，県内へのコレラ侵入を防ぐべく実施された船舶検査の段階で使い果たしてしまった．そこで地方税費目のひとつである「予備費」からの支弁を試みるが，到底補完できそうにない．そこで，県にコレラが侵入してひと月も経っていない8月10日，3万5,885円44銭5厘を臨時徴集することになった（『明治十五年　本県達甲』宮城県公文書館蔵）．

　8月下旬になってもコレラ流行の勢いは止まらず，コレラが蔓延する地方には検疫事務所を設置するなど，必要とする費用はますます増え続けていた．しかし，さらに金員を徴集することは「県民の負担に堪えるところ」ではない（『明治十五年　常置委員会決議綴』宮城県公文書館蔵）．そこで県は，予防費補助を内務卿へ上申した（『明治十五年　公文録　内務省十二月第四』国立公文書館蔵）．その上申書には「管内1区16郡で惨害を被らない地域はなく，その区域は数十里にわたり，町村数では400余，患者の数は4,000余名にものぼっている」といった流行状況が説明されている．これを受けて，内務卿は太政大臣へ「虎列刺病予防費補助について上申」を提出した．その結果，「上申については，特別に聞き届ける」とあり，国庫補助金を得ることができたのである．

　このように県は予防費の確保に頭を悩ませながら尽力していた．その消費金額について『宮城県国史　明治十五年』には次のようにまとめられている．

　　消費の金額
　　亘理郡荒浜にコレラが発生し，次いで仙台区へ伝播し，たちまち宮城郡・名
　　取郡へ波及し，追々各地に蔓延する兆しがある．そのため，府県会規則第37
　　條，臨時急施を要する云々の條項により，常置委員会を開き，その決議をとっ
　　て15年度の予備費金1万1,792円29銭3厘はすべて予防費にあてることにし，
　　さらに金3万5,885円44銭5厘を臨時徴収して補充したが，病勢は猖獗を極
　　め，ほとんどの管内に広がった．到底決議の金額で賄えるものではないため，
　　<u>郡区人民から協議費あるいは有志金などを合せて金5万9,121円64銭2厘が</u>
　　<u>寄付</u>され，また政府に申請して金3万2,175円25銭3厘の補助を得た．

　ここで注目したいのが，郡区人民から協議費あるいは有志金などの寄付を受け

た，とある点である．つまり，「協議費」と並んで「有志金」がコレラ予防費として充てられていたのである．実は，先述した県から内務卿への上申書にも「各郡区より協議費または有志者義集金などで地方税へ寄付の金額を合わせ，あれこれと差し繰り，支弁してきた」とあり，協議費と有志金が地方税へ寄付されていたことが述べられていた（『明治十五年　公文録　内務省十二月第四』）．しかもその金額は，地方税の臨時徴集費や国庫補助金よりも高額なのである．

　このように県の予防費全体をみても，有志金が重要な財源になっていたものと推察される．最後に，牡鹿郡以外の郡の状況が記された記事もみておきたい．

　　各郡予防景況　志田郡古川駅ではコレラが侵入していないうちに予防を厳重
　　にすべく各町村連合会を開こうとしている．そこで，協議費 4,000 有余円を
　　だす議案を編制し，巡査 20 名を増し，予防に尽力する見込である．また，黒川・
　　加美両郡でも予防を実施する目論見で，巡査 10 名を増加する議案の連合会
　　を開くらしい．現に名取郡では巡査 28 名を増員し，協議費で予防に尽力し
　　ているらしい．また，宮城郡内では予防に費やした金額は各町村の協議費で，
　　地方税は使用していないらしい．

　これは 1882（明治 15）年 8 月 4 日の記事である．志田郡では協議費を集めて予防にあたることを計画しており，名取・宮城郡でも同様の対応がみられる．8 月 9 日の石巻に関する新聞記事では「中等」以上の者から協議費を増課していたように，ここでの協議費も「有志金」的な要素があったのかもしれない．また，金銭だけでなく予防薬・救貧物資・書籍の寄付や予防への参加などに有志が関与していたことも，竹原（2010）では明らかにした．このようにみていくと，コレラ予防には行政だけで対応することは難しく，有志の活動に依拠せざるを得なかったのではなかろうか．

4　通行遮断 ──「自衛」と「自侭」──

　10 月 14 日に県令から郡区にだされた達には「コレラ病流行記事ならびに患者統計，その他の諸表を別紙の条項および表式に準じて取り調べ進達すること」

第5章　コレラ流行と「自衛」する村落社会　**89**

が指示されている（『明治十五年　本県達丙』）．『牡鹿郡流行紀事』は，この達に基づいて作成されたものとおもわれる．この達には調査項目が列記されており，「伝染の緩急」「流行の進路」などとともに「予防消毒法施行の障碍」があげられていた．そこには「土地の形状，民俗の習慣などによって予防消毒が実施できないことがあった場合，それを記すこと」と説明されている．これは，1879（明治12）年の「コレラ騒動」のような動向を想定した調査項目であるとおもわれる．注目したいのは，その後に但書があり「避病院・火葬場の設置，または死屍運搬の際，その施行を妨げ，一時の暴動が起きたような場合も記すこと」とある点である．つまり，県がコレラ流行状況をまとめるにあたって，避病院・火葬場の設置や死者運搬をめぐる騒動についても書上げるよう，わざわざ但書として指示しているのである．

　それでは『牡鹿郡流行紀事』の「予防消毒法施行の障碍」の項目には，どのような報告がなされたのであろうか．そこには「郡内において本項に登記する事柄はない」とあるが，「但し」として「火葬場の設置，または死屍運搬の通路になることを嫌い，各自で不平をいう者はいたが，それを妨げるようなことはなかった」とある．つまり，騒動にはならなかったものの，火葬場の設置や死体を運搬する際に自村を通られることを嫌い，不平をとなえる者がいたことがあげられている．

　加えて，調査項目には「町村予防の余響」というものもあった．これは「町村において橋梁を破壊し，あるいは道路を遮断し，または営業（旅店・飲食店など）を停止し，車馬の通行を止めるなど，行旅の妨害をした者がいた場合，その状況を詳記すること」と説明されている．この「町村予防の余響」について『牡鹿郡流行紀事』では次のように報告している．

　　①患者が発生していない地域の人たちは自村からでない．また，②患者が発生している地域でも他地域から人が入ってくることを嫌い，きこりが通る山中の小路などを遮断する者がいたが，車馬を止めて行旅の妨害をする者まではいなかった．
　　③蛇田村では発病者がいない時，予防のために行旅を検疫し，患者が発生している地域から来る者は遮断しようと村民の間で議決したが，戸長がそれを

やめさせた．④真野村では村境の道路に柵を作り，番人を置き，厳重に人馬の通行を遮断しようとしたが，書記を派遣して説諭し，柵を壊させ，番人を解散させた．

　この内容を整理すると，まず①患者が発生していない地域の人たちは村からでないとある．続いて，②車馬を止めたり，行旅を妨害することはないものの，患者が発生している地域でも他村から人が入ってくることを嫌うとある．さらに具体的な事例として，③蛇田村ではまだ発病者がいない時，行旅を検疫し，有病地から来た人は村に入れないようにしようと議決するが戸長が止めたこと，④真野村は村境の道に柵を作って番人を置き，人馬の通行を遮断しようとしたが書記が止めたとある．

　「予防消毒法施行の障碍」にあった避病院・火葬場の設置や死者運搬を妨げる行為も，「町村予防の余響」にあった通行を遮断する行為も，患者や死者あるいは彼らが集まる避病院や火葬場といった「感染源」が自村を通過あるいは集まることで感染リスクが高まることを危惧したために起こった行為であろう．『牡鹿郡流行紀事』によると，こうした行為はみられなかったものの，火葬場の設置や死体を運搬する際に不平をとなえたり，他地域の人が入ることを嫌ったりしたことは報告されており，その徴候はみられたことがうかがえる．

　実は，このような患者や死者，人の行き来を妨げる通行遮断，あるいは避病院や火葬場設置に反対する行為は『陸羽日日新聞』をみると 20 件以上確認することができる（竹原 2012）．たとえば，1882（明治 15）年 8 月 30 日の記事には次のようにある．

　　昨日，加美郡中新田駅から報じられた記事によると，コレラ患者 1 名が死亡し，巡査が付添い，火葬場へ護送していた．すると，「頑民」が道を遮り，通行を拒んだ．巡査は説諭するが応じない．そこで道をかえてすすもうとすると，再び「頑民」は通行を妨げた．そこで強行しようとすると，「殴れ殴れ」との声を聞き，およそ 400 名余が集まり，通行を禁じた．

他にも 8 月 25 日の記事には「仙台以北の各郡の村々では，専ら通行遮断に尽

力し，村の入口に縄を引き，または竹垣を作り，橋を壊すところもある．こうして村内へは一切他所の人を入れず，また村内の者は一切他所へださないことを取り決めた」とあり，各郡で通行遮断が行われていたことが報じられている．このように通行遮断や避病院・火葬場設置の反対は，宮城県各地でみられた行為であり，そのため県も調査項目としてとりあげ，「予防消毒法施行の障碍」では「但書」を付してまで特記したのであろう．

　続いて隣接する山形県についてみてみたい．『明治十五年虎列刺病流行紀事附録』によると，山形県では7月17日に飽海郡酒田山王堂町に患者が発生し，以後，村山・最上・置賜方面へ広がっていった．管内320町村に流行し，撲滅したのは11月13日であり，120日に渡って流行していたことになる．患者数は1,461人，死者988人であり，宮城県に比べると少ないものの1,000人近くの死者をだしている（内務省衛生局1992）．

　なお，当時の『山形新聞』をみると宮城県同様，有志の活動に関する記事が散見される．たとえば，1882（明治15）年8月28日の記事には東村山郡長崎村では，「慈善家」が貧民へ予防薬を2ダース半（代価にして50円）与えたとある．また，8月8日の記事にはいまだ患者が発生していない山形四日町の「金満家」の活動を報じており，毎戸に予防薬を恵与し，溝渠・便所などを清潔にするよう説諭したことに加え，コレラが流行した場合には自費で避病院を設け，良医を雇う計画を立てているとある．このように，山形県でも有志が予防活動を支えていたことがうかがえる．

　さらに通行遮断の事例も『山形新聞』からみることができる．8月17日の記事には，山形七日町の死者を巡査と医員・衛生委員が火葬場へ運んでいた．すると，東村山郡双月村の人たちが，村の近くで火葬されては伝染のおそれがあるため，「何んでも火葬はさせまじ」といって200人弱が騒ぎ立てた．その結果，巡査たちは引き返して別の場所で火葬したとある．この双月村に関しては，翌日の記事にも双月村境の橋を渡って死者を火葬場に運ぼうとしたところ，村民など数十名が橋を壊し，川の対岸には鎌や山刀をもって通行を妨げたことが報じられている．8月21日の記事には，この事件にかかわった5名が捕縛されたとある．

　また，河北町谷地大町の契約帳『大町念仏講帳』にもコレラ流行の状況ととも

に通行遮断のことが記されている（河北町誌編纂委員会編 1991）．8 月 17 日以来，次々に患者と死者がでるなか，とくに前小路村字長表では「戸毎にコレラ病ありの札を下げ，朝には父倒れ，夕には子死す，実に惨状見るに忍びず」といった状況であった．そのため，仕事をする者もなく「一家一身を予防する」ことのみに努め，「門前に柵を結び，人の出入を禁じ，戦争の際の篭城のようである．とくに近村では谷地人民と一切交際を拒絶し，他にでることも許さない．そのため，困窮の者は飢渇に苦しみ，実に痛歎の至りである」と記している．まさに死と隣り合わせの危機的状況にあった緊迫感が伝わってくる．

　こうしたなか，前小路の者が西里村でコレラに罹り，患者を西里村から前小路へ護送する際，松橋村と桜町の人たちが騒ぎ立て，患者の通行を拒んだ．警部・巡査の説諭も聞かず，「余程の大事件」になりそうであったが，午後 6 時過ぎに無事に前小路村に到着した．しかし，この事件で 10 名以上が懲役 60 日，罰金 2 円 50 銭などに処された．なお，この事件は 9 月 25 日の『山形新聞』にも掲載されている．記事では患者ではなく死者を運んでいたとあるが，消防組あるいは有志の者たちが手当たり次第，鎌や鍬をつかみながら四方を固く閉じて通行を拒み，半鐘や太鼓を鳴らして同志を集め，「一方ならざる様子」と報じていた．

　このように宮城県ほどの件数は確認できないものの，山形県でも通行遮断が問題化していたことがうかがえる．8 月 21 日の双月村の記事や前小路村の事例からわかるように，通行遮断を行った者のなかには法的に処罰された者までいたのである．

　しかし，この通行遮断は宮城県の達にあったような「予防消毒法施行の障碍」でしかなかったのであろうか．たとえば，9 月 7 日の『山形新聞』には東村山郡蔵増村についての記事がある．同村では親戚であっても他村への出入りを禁じ，他村へ行ったり他村の人を自宅に招いた場合は 5 円の科料金，そうした行為を見ておきながら黙っていた場合は 6 円の科料金をだすことを村民一同で盟約した．その結果，公用以外は一切出入りを禁じられ，「予防の程中々厳重なるものなり」とある．この記事からは，通行遮断を「厳重な予防」として好意的に受け止めているものと察せられる．

　また，『明治十五年虎列剌病流行紀事附録』に収録されている山形県の「予防消毒法の概略」という項目には，清潔・摂生・隔離に注意していたことなどが記

される他に「切畑村・高澤村の2カ村では村境を閉鎖し，他村との交際を謝絶したところ隣接する村々ではコレラが流行したのに対し，両村では1人も患者がでなかった」とある．この文脈からは通行遮断によって患者がでなかったことを評価しているようにうかがえる．

　そもそも，患者や死者といった「感染源」を自村に入れない通行遮断は，自村を守るためには有効な予防行為ということができる．実際，山形県の切畑・高澤両村の事例のように，患者が発生せずに予防として「成功」した事例も見受けられる．つまり，通行遮断は村落社会による積極的な「自衛」行為と評価することもできるのである．

　しかし，郡全体あるいは県全体の予防を担う行政としては，患者や死者は迅速に処置しなければ他地域に感染が拡大してしまう．そのため，避病院や火葬場の設置，そこへの運搬を妨げることを認めるわけにはいかなかった．山形県では実際に患者や死者を遮断する事例が少なかったため大きな問題として取り上げていないのかもしれないが，宮城県では流行状況の調査項目に特記されていた．さらに，『牡鹿郡流行紀事』には9月11日に次のような法令がでたことが記されている．

　　　コレラ流行について，予防のために各村で「自侭」に道路を遮断し，または
　　　渡船を止め，通行を禁じるといった行為があると聞いている．看過できない
　　　ことであるため，今後，このような行為がないように注意すること．県の達
　　　によりこのことを達する．

　ここから通行遮断は「自侭」（わがまま）な行為として禁止されたことがわかる．法令の末尾には「県の達によりこのことを達する」とあることから牡鹿郡だけではなく県全体に達せられたのであろう．注目すべきは「予防のため」とあるように通行遮断が予防行為であることを認めている点である．しかし，行政としては自村のみを「自衛」する行為は「自侭」なものとして認めるわけにはいかなかった．ここに感染症をめぐる行政と地域住民間の解決困難な「対立」をみてとりたい．

5 感染症と「自衛」する村落社会

　本章では，コレラ流行という危機的状況下で積極的な「自衛」を試みる村落社会の姿の一端を明らかにすべく，宮城県とくに牡鹿郡を中心として山形県の事例も加えながら検討してきた．その際，行政との関係に注目した結果，第1に予防費の確保だけをみても行政だけで対応することは難しく，村落社会では有志に依拠せざるを得ない状況があったことを指摘した．当時の新聞記事をみると，コレラ流行について多くの紙面が割かれており，そこでは予防費寄付にとどまらない多様な有志の活動が報じられていた．近年を振り返っても，たとえば2011（平成23）年の東日本大震災後に世界各地・全国各地から寄せられた募金やボランティアの活躍があったが，危機的状況下では有志の活動抜きに支援あるいは復興は成り立たないのではなかろうか．それは，今後起こり得る感染症流行時も同様であろう．

　第2は，行政との「対立」面としてとりあげた通行遮断をめぐる問題である．自村に「感染源」を入れることを防ぐ通行遮断はその村落社会にとっては有効な予防行為であったはずだが，郡や県全体の予防を担う行政にとっては認めるわけにはいかなかった．人から人へ感染する病気である限り，その病気に罹らないために「感染源」になってしまう患者を避けるという行為を否定することは難しい．それがかつてのコレラのように致命率が高い感染症であればなおさらである．この行政と地域住民間の「対立」は，決して単純な「対立」として処理することはできない，有病地と無病地あるいは罹患者と未罹患者の生命維持をめぐる解決困難な問題であった．

　これらの解決困難な問題をふまえ，行政はどのような制度を整備していくのか．とくに通行遮断が問題化したのは1882（明治15）年の宮城県や山形県特有のものであるのか，東北地方あるいは全国的に起こったものであるのか，改めて見直す必要があるであろう．今後も，致命率の高い感染症が流行する可能性がある限り，かつての人々の経験は現代にも何らかのヒントを与えてくれるはずである．

文献一覧

阿部安成
　1995「文明開化とフォークロア──横浜開港の二〇年とコレラ流行──」,『近代日本の政治と地域社会』, 国書刊行会：32-63 頁.

石居人也
　2016「衛生観の生成と医学・医療の近代化」,『講座　明治維新 10　明治維新と思想・社会』, 有志舎：226-253 頁.

奥 武則
　1993『文明開化と民衆──日本近代精神史断章──』, 東京：新評論.

大日方純夫
　1978「「コレラ騒擾」をめぐる民衆と国家──新潟県を事例として──」,『民衆史の課題と方向』, 三一書房：235-252 頁.

鹿野政直編
　2004『新訂増補　週刊朝日百科 89　日本の歴史　近世から近代へ⑨　コレラ騒動　病者と医療』, 東京：朝日新聞社.

河北町誌編纂委員会編
　1991『大町念仏講帳　河北町誌編纂史料』, 山形：河北町.

厚生省医務局編
　1976『医制百年史　記述編』, 東京：ぎょうせい.

杉山 弘
　1988「覚書・文明開化期の疫病と民衆意識」,『自由民権』(町田市) 2：19-50 頁.

竹原万雄
　2010「コレラ流行と有志の活動──明治 15 年宮城県のコレラ流行を事例として──」,『歴史遺産研究』(東北芸術工科大学歴史遺産学科) 6：15-23 頁.
　2012「疫病予防の問題点　一八八二年, 宮城県の「コレラ騒動」」,『講座　東北の歴史　第 4 巻　交流と環境』, 清文堂出版：261-283 頁.
　2015『よみがえるふるさとの歴史 5　明治時代の感染症クライシス　コレラから地域を守る人々』, 宮城：蕃山房.

立川昭二
　1971『病気の社会史　文明に探る病因』, 東京：日本放送出版協会.

内閣記録局編
　1979a『法規分類大全　第 28 巻　衛生門〔1〕』, 東京：原書房.
　1979b『法規分類大全　第 30 巻　衛生門〔3〕』, 東京：原書房.

内務省衛生局編
　1992『〈明治期〉衛生局年報　第 4 巻』, 茨城：東洋書林.

平凡社地方資料センター編
　1987『日本歴史地名大系第四巻　宮城県の地名』, 東京：平凡社.

宮城県
　1975『宮城県史 33 (資料篇 10)』, 宮城：宮城県史刊行会.

あとがき

荒武 賢一朗

　2012年4月に東北大学東北アジア研究センターに着任してもうすぐ7年になる．文理融合の地域研究を理念とするこの組織で学び，そして考えることは筆者にとって大きな意味がある．そもそも学生時代からおおむね日本史（しかも近世史）の分野で「純粋培養」されてきたため，ここにやってくるまで他分野はおろか歴史学のなかでも狭い環境に閉じこもっていた．日本で，日本語で，日本史を研究することが当たり前だと思っていた人間に，「学問の常識」を教えてくださったセンターのメンバーには，それぞれの研究手法やこだわりについて多くの示唆を受け，現在に至っている．とくに気づかされたのは，東北アジア地域における日本史研究の学術的意義である．

　東北アジアにおいて日本の歴史はいかなる存在か，どのような研究的価値があるのか，はたまた他地域・他分野との連携は可能か，といった発想は「普通に日本史を研究している」なかでまったく出てこないだろう．また，筆者の所属する上廣歴史資料学研究部門では宮城県を中心とする地域に伝わった歴史資料の保全・調査を積極的に手がけ，専門研究者や市民の方々との共同作業でこれまで明らかではなかった史実の発見に力を入れている．そうしたセンターで得た研究課題を「歴史資料の保全と活用──19世紀日本の村落社会と生命維持──」というシンポジウムのセッションとして取り組んでみようと企画した．そこでとくに意識したのは歴史資料の活用であった．貴重な資料として大切に守られ，そして後世にのこすべき「宝物」の内容を解明し，多くの人々に知ってもらいたい．これが原点であり，さらに注目すべきは人々が織りなした生活の実像を丹念に調べていく作業であった．

　幸いこのセッションの企画を打診したところ，本書の執筆までお付き合いくださった4名に快く引き受けていただき，それぞれの成果を持ち寄って「日本列島史」に貢献している．地域の住み分けも，東北・畿内（近畿）・九州，それを全

体的にまとめるスーザン・バーンズ氏, といった具合に事例の多様性を心がけた. 筆者を含めたこの5名でひとつの企画に取り組んだのは初めてであるが, 近世村落史研究の第一人者として有名な渡辺尚志氏, 貧困史という新たな分野を切りひらく木下光生氏, 庶民の視角から医療の実像を解くバーンズ氏, 感染症とその対策に精通する竹原万雄氏, と役者が揃ったことで本書は大きな目的を達成できたと自負している. 個人的には渡辺, 木下両氏とは長年にわたる付き合いでさまざまな場面 (調査, 研究, 出版, 飲み会) で刺激を受けてきた. バーンズ氏, 竹原氏と共同で仕事を始めたのは東北アジア研究センターに入ってからだが, バーンズ氏とは秋田などの調査, 竹原氏には山形県村山地方の研究でも大変お世話になっている (お二人ともさまざまな場面で).

きわめて国際色の薄い筆者は, 東北アジア研究センター着任後にありがたいご縁も手伝ってドイツやアメリカで古文書解読の集中講義をする機会に恵まれた. 最初におこなったのは2013年9月のドイツ・ハイデルベルク大学であったが, そこに「古文書の講義を受けるために初めてドイツに来た」というバーンズ氏と顔を合わせた. 繰り返すが「日本で, 日本語で, 日本史研究」をしていた筆者にとり, バーンズ氏やヨーロッパで一所懸命に日本を研究しようとする人たちとの出会いは生涯忘れることができない衝撃だった. その後, 2014年からは毎年6月にバーンズ氏のお招きにより, シカゴ大学でも集中講義を担当し, 海外在住の研究者との交流も拡大しつつある. また, 本書の企画を開始したころに, 中国広州市の中山大学へ木下, 竹原両氏と一緒に日本研究の国際シンポジウムに参加したこともあった. こちらでも中国の研究者や学生の熱心な活動に触発され, 我々が専門とする分野についてたくさんの人々が興味をもち, 議論を重ねている現場を知ることができた.

　本書で課題としてきた貧困・医療・村落社会の研究は, あったようでなかったともいえる. 進化する歴史学 (日本史) を目指してさらに良質な考察を得るためには, 地道な実証研究が不可欠である. 渡辺氏は今回の出羽国のみならず, 全国各地の村落・百姓について精緻な成果を出されているが, 東北アジアのなかの日本, 日本のなかの地域, という同心円において今後も歴史資料の分析を進めていきたい.

末筆ながら，シンポジウム開催と出版化に尽力された岡 洋樹，高倉浩樹，瀬川昌久の各氏をはじめとする東北大学東北アジア研究センターの諸氏に心から感謝の意を表したい．とりわけ，本書の基礎となったセッションの運営には東北アジア研究センター上廣歴史資料学研究部門の高橋陽一，友田昌宏両氏に協力をいただいた．出版に際しては古今書院の関 秀明さんに懇切丁寧な編集・アイディアを賜り，質実ともに出来栄えの良い本が完成した．皆様方のおかげで成果を公表できたことに大きな喜びを感じている．

2018 年師走　青葉山のふもとにて

編者識

索　引

ア行

商人買物独案内　27
預所支配　43, 48
天草・島原の乱　37
医学書　22, 24
石井村（現・埼玉県坂戸市）　29
石巻村（現・宮城県石巻市）　84, 85
医者　50
入会地　55, 57
入会山　60, 67
イングランド　1, 16, 17
衛生委員　83
衛生課　80
衛生行政　79
江戸　27
塩業　46
往来手形　50
大庄屋　38, 48
牡鹿郡（宮城県）　79
牡鹿郡流行記事　89, 93
御救　1
小田原藩　14

カ行

開墾規則　57
海産物　39
廻船　46, 49, 51
賀川秀平　32
賀川流　33
火葬（場）　83, 89, 91
片岡彦左衛門家　3, 10
門脇村（現・宮城県石巻市）　85
川原浜村（現・群馬県前橋市）30
感染症　42, 79, 94

関東移住計画　43
官有地　57, 66, 69
官林監守人　58
喜谷実母散　26
地方税規則　85
救貧費　16
救貧物資　88
救貧法　1
協議費　85, 87
行政裁判所　58, 71, 73
行政処分　66
享保の飢饉　41
久保田村（現・埼玉県吉見町）　29
熊本　37, 42
蔵増村（現・山形県天童市）　92
警察事務心得　82
係争地　68, 75
毛塚村（現・埼玉県東松山市）　29
検疫事務局　81
検疫事務所　81, 84, 87
耕作放棄地問題　76
公的救済　13, 18, 20
合薬（屋）　25, 26, 34
石盛　41
国有林　56
国庫補助金　87
小浜村（現・埼玉県加須市）　29
コレラ騒動　78
虎列刺病流行記事　80

サ行

在村医　22
材木　47
サツマイモ（甘藷）　44

砂糖　45
蛮紅華湯（さふらんとう）　28
算術　51
三方婦応散　30
シーボルト　22
塩竈（宮城県塩釜）　27
識字能力　34
支郷　63
市制・町村制　68
柴草　67, 68
自侭　93
下浦村（現・熊本県天草市）　43, 44, 46
自由民権運動　78
宗門改帳　3, 8, 10
樹勲碑　73
主穀消費　14
出産　33
庄屋　38
自力救済　55
新政反対一揆　78
薪炭　56
新田開発　40, 44
森林荒廃　56
森林被覆率　54
生活保障　13, 20
生活力　41
生業　45, 52
生命維持　54, 94
施行　17, 18
世帯収支報告書　2, 9
仙台（区）　27, 84
相互扶助　20
双月村（現・山形市）　91
造用　12
俗的身体　23

夕行
代言人　64
高浜村（現・熊本県天草市）　38, 47, 49

旅人　48, 50, 51
田原村（現・奈良県宇陀市）　2 〜 7
チープ・プリント　28
治験集　24
地籍（帳）　60, 62, 69
地租改正　72, 75
地方衛生会　80
チラシ　25, 32, 33
通行遮断　90, 92, 93
潰れ百姓　9, 19
出稼ぎ　42
テリトリー（領有権）　74, 76
天保飢饉　17
等価可処分所得　11, 12
陶磁器　45, 49
陶石　45, 47
盗伐　58

ナ行
内務省衛生局　80
長崎（長崎県）　37, 42
長崎村（現・山形県中山町）　91
七山純道　23, 24
奈良奉行所 9
西安堵村（現・奈良県安堵町）　15
野中村（現・大阪府藤井寺市）　14

ハ行
梅毒　31
売薬　26
幕府代官　10
ハゲ山　55
破産　3, 8, 11, 19
長谷堂村（現・山形市，上山市）　59, 61, 65
飯量　12
東安堵村（現・奈良県安堵町）　15
引札　31, 32
避病院（隔離病院）81, 89, 91
避病院規則　82

索　引　101

避病院処務規程　82
福島裁判所　62
婦人大全良方　33
ベトナム　52
蛇田村（現・宮城県石巻市）　90
法隆寺村（現・奈良県斑鳩町）　17

マ行
町山口村（現・熊本県天草市）　43, 46
間引き　39
三島通庸　61
南王子村（現・大阪府和泉市）　18
南村山郡参事会　69
宮城控訴院　67
宮城控訴裁判所　65
宮地岳村（現・熊本県天草市）　46
民間療法　23
狸森村（現・山形県上山市）　59, 61, 65
村請　2
明細帳　72, 73, 75
本居宣長　25, 28
元郷　63
本沢川（山形県）　59
本沢村（現・山形市）　70, 71

ヤ行
山争い　54, 74
山稼ぎ　39
山形県参事会　72
山形県知事　70
山形県庁　63
山形始審裁判所　64, 67
山形新聞　60, 91, 92
山税　64, 66, 74
山元村（現・山形県上山市）　70, 71
有志金　87
用益権　76
夜逃げ　8, 11, 19
米沢裁判所　62

予防費　86, 94
予防薬　88

ラ行
癩病　31
陸羽日日新聞　90
六反村（現・大阪市）　14

ワ行
若林村（現・大阪府松原市）　15
渡波（現・宮城県石巻市）　86

【分担執筆著者紹介】

木下 光生　　　　　　Mitsuo KINOSHITA　　　1 章執筆

1973 年生．奈良大学文学部教授．歴史学，日本史，貧困史が専門．主要業績：『貧困と自己責任の近世日本史』（単著，人文書院，2017 年），『近世三昧聖と葬送文化』（単著，塙書房，2010 年），『日本史学のフロンティア 1・2』（共編著，法政大学出版局，2015 年）ほか多数．

スーザン・バーンズ　　Susan L. BURNS　　　　2 章執筆

シカゴ大学歴史学部教授．歴史学，医療社会史，女性史が専門．主要業績：『*Before the Nation: Kokugaku and the Imagining of Community in Early Modern Japan*』（単著，デューク大学出版会，2003 年），『*Gender and Law in the Japanese Imperium*』（共著，ハワイ大学出版会，2014 年），『*Kingdom of the Sick: A History of Leprosy and Japan*』（単著，ハワイ大学出版会，2019 年）ほか多数．

豊沢 信子　　　　　　Nobuko TOYOSAWA　　　2 章翻訳

チェコ科学アカデミー東洋学研究所研究員．歴史学，思想史が専門．主要業績：『*Imaginative Mapping: Landscape and Japanese Identity in the Tokugawa and Meiji Eras*』（単著，ハーバード大学アジアセンター，2019 年），「*Constructing the Tokugawa Spatial Imaginary*」（『*Cultural Histories of Sociabilities, Spaces and Mobilities*』　Pickering & Chatto, London, 2015 年）ほか多数．

渡辺 尚志　　　　　　Takashi WATANABE　　　4 章執筆

1957 年生．一橋大学大学院社会学研究科教授．歴史学，日本史，村落史が専門．主要業績：『豪農・村落共同体と地域社会——近世から近代へ』（単著，柏書房，2007 年），『近世の村落と地域社会』（単著，塙書房，2007 年），『幕末維新期の名望家と地域社会』（単著，同成社，2014 年）ほか多数．

竹原 万雄　　　　　　Kazuo TAKEHARA　　　5 章執筆

1978 年生．東北芸術工科大学芸術学部准教授．歴史学，日本近世・近代の医療・衛生史が専門．主要業績：『明治時代の感染症クライシス　コレラから地域を守る人々』（単著，蕃山房，2015 年），「安政期コレラ流行をめぐる病観と医療観——仙台藩士・桜田良佐の記録を事例として——」（『江戸時代の政治と地域社会 2』清文堂出版，2015 年），「明治二〇年代後半における新潟県の赤痢流行」（『地方史研究』385 号，2017 年）ほか多数．

【編者紹介】

荒武 賢一朗　　Kenichiro ARATAKE　　3 章執筆

1972 年生．東北大学東北アジア研究センター准教授．歴史学，日本史，経済史が専門．主要業績：『屎尿をめぐる近世社会──大坂地域の農村と都市──』（単著，清文堂出版，2015 年），『世界遺産を学ぶ──日本の文化遺産から──』（共著，東北大学出版会，2015 年），『東北からみえる近世・近現代──さまざまな視点から豊かな歴史像へ──』（共著，岩田書院，2016 年）ほか多数．

	【東北アジアの社会と環境】
書　名	**近世日本の貧困と医療**
コード	ISBN978-4-7722-5310-9
発行日	2019（平成 31）年 2 月 9 日　初版第 1 刷発行
編　者	**荒武 賢一朗** Copyright ©2019　Kenichiro ARATAKE
発行者	株式会社 古今書院　橋本寿資
印刷所	株式会社 理想社
製本所	株式会社 理想社
発行所	**古今書院**　〒 101-0062 東京都千代田区神田駿河台 2-10
TEL/FAX	03-3291-2757 / 03-3233-0303
ホームページ	http://www.kokon.co.jp/　　検印省略・Printed in Japan

KOKON-SHOIN

http://www.kokon.co.jp/

シリーズ 東北アジアの社会と環境

本書含めて既刊 3 冊

◆ 寒冷アジアの文化生態史

高倉浩樹 編   定価本体 3300 円＋税   2018 年 3 月刊

東北アジアの狩猟採集民や牧畜民の歴史を，環境と文化の相互作用から読み解こうとする試み．文化によってのみ説明する文化相対主義でもなく，環境決定論でもなく，人類の環境適応のモデル化による人類文化史を提示する．事例：旧石器時代人類史（先史考古学），アイヌエコシステム（歴史生態学），永久凍土と人類文化（社会人類学），トナカイ牧畜（社会人類学），北アジア牧畜と西アジア牧畜の比較（文化人類学）．

◆ 越境者の人類学 ——家族誌・個人誌からのアプローチ

瀬川昌久 編   定価本体 3800 円＋税   2018 年 3 月刊

日本・中国・朝鮮半島・台湾の国際的越境移動現象を，グループやコミュニティだけでなく，家族や個人の動向からとらえた論考．事例：中国吉林省の朝鮮族家族，中国福建省からの日本への密航者，日本のハーフや帰国子女，台湾の中国本土出身者，韓国の若年層にみられる脱出欲求，中国広東省と香港の越境移動，中国から日本にやってきた技能実習生，異郷に暮らす華僑家族の文学作品．

~~~~~~

続刊で扱うテーマ

＜自然環境＞   千葉 聡 編
＜前近代の帝国論＞   岡 洋樹 編
＜戦争前後の国家の連携・対立＞ 寺山恭輔 編
＜環境とエネルギー＞   明日香壽川 編